プロローグ

「頑張るんじゃなくて、負けない。これ、大事だね」

フランスから来日していたフォトグラファーのフィルは、わたしのデジタルカメラの操作をしながら、力のこもった声でそう言葉を発し、さらにこう続けた。

「好きなことを続けるために、頑張るなんて当たり前だよ。だから負けないのが大切。つらいことがあっても、誰かに否定することを言われても、負けない。負けてしまったら、そこで終わりだから」

一息に言葉を吐き出し、わたしの手にデジタルカメラを戻した。慣れないわたしの代わりに、セットアップをしてくれたのだ。

イスタンブールマラソンで写真を撮影するために、先日、購入したばかりのカメラ。シルバーのボディには傷ひとつなく、わたしの顔が薄く伸びて映っている。

何気なくシャッターを押した写真を見返すと、畳張りの部屋に紅の光が差している写真があった。午後からこの部屋にいたのに、もう夜に近づいている。

フィルとは、都内の国際交流イベントで、偶然に出会った。カメラを購入したのに使い方がさ

っぱりわからないと嘆くわたしに、

「コツを教えようか？」

と声をかけてくれて、あれよあれよとフィルのアパートにお邪魔することになった。５年以上の前のことだ。

結局、その後、カメラはほとんど使うことはなかった。けれど、イスタンブールへ飛ぶ数日前、江東区森下のアパートで何気なくしたこの会話が、わたしの軸のひとつになったことは事実だから、人生は本当にわからない。


時は遡《さかのぼ》り、２０１５年。大学3年生の春。

「お前さあ、顔のまわりに肉つきすぎて、口の動き鈍くね？」

大学のパンフレットモデルもして、合コンでもまあまあモテてきた。

それなのに、それなのに……。

目の前に立つ巨漢の友人は、身長は１８０センチメートルを超え、体重は１８０キロほど。その身長体重比はドラえもんに近い。ラーメン二郎の「マシマシ」を平然と15分で食べきる口の持ち主から、こんな言葉を投げられたのだ。「あれじゃね、お前、太ったな」

うららかな春の陽気とは裏腹にプライドが砕ける音がした。

プロローグ

頬が引きつったまま動けなかった。自分の体重の数倍はあるだろう人間に「太ったな」と嘲《あざけ》られるのは衝撃だった。

帰路につきながら、よくよく考えると、最近、合コンのお誘いが減っていた。

「いっぱい食べる君が好き」そうささやいてくれた男達はどこに行ってしまったのか。最後に連絡先を交換してよとせがまれたのは、いったい、いつのことだったか。

そもそも、体重計に半年以上乗っていないような気がする。

自宅に戻ってお風呂上がりに、埃《ほこり》をかぶっていた体重計をチェストの下から引きずり出した。電源ボタンを押すと液晶画面に0が4つ並ぶ。半年間の放置も耐え、主人の戻りを壊れずに待っていたようだった。小刻みに震える足を、埃がこびりつく金属板にはわせた。足の裏のひんやりとした感覚が妙に懐かしい。

液晶画面に浮かんだ数字は、「67」だった！　呼吸が止まる。口から心臓が出そうだ。何度も目をこすって見返しても、体重計を乗り降りしても、表示される数字は変わらない。

ちょうど1年前の春、この画面に浮かんだ数字は、「48」だった。それが、今ではプラス20キログラム。5キログラムの米袋が4袋分だ。いったい、この1年間でどこに何が詰まったんだ。

液晶画面と睨《にら》めっこしていた顔をあげると、鏡の中の自分と目線が重なる。

パンフレットモデルをしていた頃の形跡は跡形もない。そこには、

「おにぎりが好きなんだなあ」

と、のたまう山下清がいた。

「嘘じゃん！」

いや、嘘じゃない、現実だよ。ズボンの上にずっしりと存在している贅肉が、二重あごの輪郭が、はち切れんばかりの二の腕が、そう語りかけていた。


痩せよう、痩せなければ。

闘志を燃やすまでに時間はかからなかった。へし折られたプライドをそのままにしておくほど、ダサい人間ではない。鏡の中でしょぼくれている顔が、その決意に拍車をかけた。

早速、Google の検索フォームに「ダイエット　マイナス20kg」と打ち込むと、瞬く間に情報の波に揉まれた。

「3カ月でマイナス10キログラム痩せるダイエット」「誰でもできる痩せるダイエット方法」「すぐに効果が出るダイエット」「炭水化物抜きダイエット」エトセトラ。

スマホの画面をスクロールしては、ダイエットの情報の海に体を潜らせる。「これを飲むだけでマイナス20kg痩せました」なんてうさんくさい広告は速攻でスワイプだ。

〈消費カロリーが摂取カロリーを上回れば痩せます。これが人間の真理です〉これが数時間かけて到達した真理であり、結論だった。なるほどと理解した。

けれど、炭水化物を抜くとか無理。日本人だし、わたしは米が好きだ。焼肉もラーメンもお寿司だって大好き。食べるのが生きがいみたいな節もある。摂取カロリーの減少があまり見込めない以上、消費カロリーを増やすしかない。体を動かす、つまり運動だ。

身長が167センチメートルあるせいか、バレー部かバスケ部だったかと聞かれることが多いけれど、こちとら中高ともに美術部とガーデニング同好会の掛け持ち、根っからの文化系だったりする。

運動なんて体育の授業以外でほとんどしたことがない。バレーの授業ではボールを顔面にあてて、鼻血を出したこともある。むしろ嫌いだ。

それでも背に腹は代えられない。鏡の中でもうひとりの自分が頷いていた。

ジムに行こうかな、友人のひとりが港区青山のジムに通い始めたとか耳にした気がする。筋肉が増えると基礎代謝が上がって、食べても太りにくい体質になるらしい。エルメスのケリーやバーキンなんかよりも、その体が喉から手が出るほどに欲しかった。

「この前、ジムの話、してたじゃん！」

脂肪がはびこる体とは裏腹に、LINEトークを打ち込む指は軽快だった。友人の既読がつくまでに、そう時間はかからなかった。

結論からいうと、ジムは断念することにした。入会費5万円って高すぎる（家賃かよ）。「運動するのにも、お金がかかるとか、厳しい世界……」

嫌いなことをするのに、お金を払うなんて地獄以外の何ものでもない。どうして人間の体はこんなにもコストパフォーマンスが悪いのか。欲しい部分に肉はつかず、いらない部分に肉がつく。私利私欲のままに生きていると、美しい姿を保てない。食べる量は、高校生のときの3割減になったはずなのに。

陸上部に所属する中学生の妹は食べ盛りなのか、どんなに食べてもしなやかな体軀《たいく》を維持している。毎日、部活で走っているのだから当たり前か。でも、待てよ、道を走るのは無料じゃん。

電光石火、ビビってきた。一目惚れに近い感覚だ。

思い立ったときの行動力には定評があるわたしは、ずっと昔に買ってから靴箱で冬眠していたスポーツシューズを掘り出した。薄汚れたホワイト地に濃いオリーブ色のラインが引いてあるシューズに足を沈ませる。

足のサイズは変わっていなかった。ここまで変わっていたら絶望で膝を床につけていたところだ。

「よし、これはいける」。〝ランニング　おすすめ　アプリ〟で検索して、いちばんに現れたNIKE RUN CLUBをダウンロードし、ユーザー登録を済ませた。

プロローグ

「走る準備はできましたか」

と、アプリが語りかけてくる。

久しぶりに運動靴を履くと、ヒールでできた足裏の角質がチョコレートみたいにパキパキと割れるような感覚がする。

玄関の戸を開くと、冬の名残の冷たい風が鼻孔を突いた。

善は急げ。アプリのスタートボタンを押すと、カウントダウンが始まる。

「3、2、1、ワークアウトを開始します」

まさかこの一歩が、このあとのわたしの人生をくるっと変えちゃうなんて、微塵《みじん》も思っていなかった。

だけど、これが、わたしが走ることになったきっかけ、世界中のマラソンを走るようになった、初めの一歩だった。

contents

第4章 骨が眠る道を走る 75

第5章 南米大陸の走り方 113

第8章

世界を走って見えてきたこと

第1章

*

常夏のビーチで

ハワイの楽しみ方を間違えた!?

初めの一歩を踏み出してから8カ月。

最初は口の中が酸っぱい胃液でいっぱいになったこともあったけど、ようやく5キロくらいは平気な顔をして走れるようになった（5キロしか走ったことがないんだけどね）。

体型も徐々に以前のフォルムを取り戻してきて、少しずつ合コンの誘いも増えた気もする。鏡の向こうにいる自分は、女子大生の体裁を取り戻しつつあった。

世間はすっかり冬の様相で、外の冷気が顔を突き刺し、頬がひりつく季節になった頃、わたしはTシャツにジーパンの常夏仕様で飛行機の座席に収まっていた。ほかの乗客も似たり寄ったりの軽装備で、なかにはアロハシャツを着ている人もいる。

そう、この機体の行き先は、世界屈指の人気を誇るリゾート地、ハワイだ。当然、テンションは上がっていた。

「やっば、『アイプチ』忘れたかも」

「え、まじ萎えだね。ワイキキに売ってないんかな、だってローソンあるらしいよ」

「神のみぞ知る、とりあえずローソンに行くのが最優先事項！」

1　常夏のビーチで

ワイキキに到着してからの最初の目的地は、ローソンに決まり。二重《ふたえ》の幅が違うことは、当時のわたしにとって、観光やアクティビティを楽しむより優先すべき事象だった。

常夏の島、ハワイで無事に「アイプチ」（正確に伝えるとアイテープ）を手に入れてからは、イルカと泳いだり、ダイヤモンドヘッドに汗だくで登ったり、アサイーボウルに舌鼓を打ったりと、ワイキキビーチを中心にテンプレートどおりにハワイを満喫していた。

事が急変したのは、２０１６年12月11日。忘れもしない金曜日。

ワイキキビーチからハワイ最大のショッピングモールのアラモアナセンターまで歩こうぜ、お金もったいないし、と大学生らしい理由でワイキキを闊歩《かっぽ》していた朝だった。

12月のハワイは梅雨の季節らしい。でも、そんなの微塵《みじん》も感じないくらいの晴天、日焼け止めを塗れども汗で落ちてしまうくらいの暑さだった。

それにしても、やけに日本人が多い。日本人は世界でいちばんハワイが好きと耳にするけれど、それにしても多すぎやしないか。

「なんか、もはや日本」

「わかる」

「なんで？　日本が寒いから？」

「その説はある」

冬は嫌いだ。歩いているだけで顔も指もヒリヒリする。冬が楽しみになる瞬間なんて、もっとも好きなフルーツの苺《いちご》が美味しいこと、スノーボードが楽しいこと、クリスマスと誕生日くらいだ。それを口にすると、なんだかんだ冬を満喫してるじゃん、と友達が呆《あき》れ顔になった。結論として、わたしたちの推理は途方もなく外れていた。

「ホノルルマラソン？」

「今週の日曜よ、あんたたちもそれで来たんじゃないの？」

アラモアナセンターで案内カウンターの女性にAbercrombie & Fitch（アバクロ）の店舗の位置を確認しがてら、日本人の多さを話すと、何を当然なことをみたいな顔で返された。彼女いわく、1万人くらいの日本人が走るらしい。

「やばいな、ここにいる日本人、42キロ走るんか？　レベチじゃん」

「全員ってわけじゃないと思うけど、あんたも走れば？」

アバクロでめぼしい品を発掘できず敗戦、フードコートでガーリックシュリンプを貪り食べていると、友人がスマホの画面をわたしの顔面に押しつけてきた。

「現地でも登録できるらしいよ、ゆうり、最近ランニングしてるんでしょ？　思い出づくりに出場したら？」

「えっ、まじか」

1　常夏のビーチで

ホームページによると前日までエントリーは可能らしい。エントリー費用400ドル、日本円に換算すると〝万札〟(1万円札)が5枚飛んでいってしまう。バス料金をケチるくらいの経済状況の大学生にとって、めちゃくちゃ痛い出費でしかない。それなのに……。

「うける、まあイケるんじゃん？　うちらギャルだし」

途方もない馬鹿だ。「ここで走ったら面白くね？」の精神が勝った瞬間だった。

42・195キロは未知の世界どころか、10キロも走ったことがない。無謀オブ無謀だ。そしてこんなときに限って行動力が遺憾なく発揮されてしまう、わたしの性《さが》。

ホノルルマラソンのエントリー受付場所は、アラモアナセンターから目と鼻の先だった。こんなの課金なしでクリアできるレベルの難易度じゃん。

こうして、ホノルルマラソンの存在を耳にしてから1時間ほどでエントリーを完了させてしまった。これがギャルの行動力だ。〝万札〟5枚が飛んでいっても、このテンションを保てる。ちなみに、シューズはアラモアナセンターのスポーツショップで購入した。

「明後日のホノルルマラソン走るんだけど、いいシューズない？」

「え、まじ？」

店員が顔を引きつらせながら、いくつか持ってきてくれた。ブランドはよくわからなかったけど、50ドルのさらに半額らしい。つまり25ドル。破格だった。

「これにする」と、手に取ったのは真っ黒いシューズ。これなら普段の服にも合わせやすいし、汚れも目立たない。白はどうしても汚れやすいし、汚れも目立つ。ちなみに、このシューズがアシックスのシューズだと判明したのは、日本に帰国してからのこと。

このとき、このシューズで少なくとも300キロ以上を走ることになるとは、予想もしていない21歳の女子大生だった。

ノリでフルマラソンを走ってみた結果

「無理、足しんど！　やばい、無理!!」

「無理しか言ってなくてうける、とりあえずお疲れ〜！」

完走してしまった。42・195キロをだ。もはや気合いであり、根性であり、意地だった。

最初の10キロくらいまでは楽しい旅路だった。スタートの花火はきれいで、ひんやりした夜風も気持ちいい。ホテルのクリスマスイルミネーションがきらめいて、沿道で応援してくれる人の声も元気をくれた。

そこまではよかったが、敵が来た。そう、太陽が姿を現してからは地獄としかいいようがなかった。最悪だったのは、日の出の時間、最大の難所、ダイヤモンドヘッドの周りを登っていたこと。平坦な道って嘘じゃん。

そこからは闘いだった。戦《いくさ》である。気温は30度を超え、強い日差しが肌を焼いてヒリヒリと痛んだ。水を飲んでも、飲んでも、喉が渇いて頭がぼーっとする。この炎天下を着ぐるみで走るランナーを目にしたときは戦慄を覚えた（どんな体を持っているんだ！）。

17キロ地点の簡易トイレに入った瞬間、「やめてえ〜」と口から後悔が溢《あふ》れ出た。足が瀕死という表現が正しい、もはや、生まれたての小鹿より酷い。トイレに入ったのに尿はほとんど出なくて、便座から立ち上がろうとすると太ももの中身がよじれたように痛む。

扉を開けると、美しく整備された芝生と、たくましいほどの青い空があった。遠目に海が白い泡を立てている。まだ半分にも到達していない事実がわたしを殴った。

「きつい〜、暑い〜」

弱音とため息しか口からは漏れない。首筋を鋭い日差しが刺すし、顔面に塗りたくった日焼け止めはもうその効力をなくしていた。

人生初めての緊急事態に危険信号を発しているのか、体中が痛む。それでもリタイアはしたくなかった。４００ドルも払ったんだから最後まで成し遂《と》げないともったいない。

それにフィニッシュラインは遠いけれど、足を1歩動かせば1歩分はラインに近づいている。その事実だけが、わたしを動かすガソリンだった。

折り返し地点になると、周りも徒歩の参加者が圧倒的多数になった。観光地ではない地元の道の上で、気力を振り絞って必死に足を動かす。

沿道に建つ家々は、東京の戸建てに比べると数倍大きい。そこの住人も外に簡易の組み立て椅子を引っ張り出し、コンポで音楽を流しながら手を叩いて応援をしてくれた。かなり年配なようだけど、選曲がイケている。

日本ではなかなかない光景に驚きながら、別の住人が配っていたオレンジを頰張る。果汁が水のように喉を通り抜けて、口内から伝わる甘酸っぱい味に脳が揺れた。

小学生くらいの男の子が家から伸ばしてきたホースをランナーに向けてかけた水に、太陽の光が反射して虹がかかっていた。

わたしが日本で目にするマラソンとは、違う世界のマラソンだった。

正直なところ、その後の記憶は不鮮明だ。体が痛かった記憶しかない。唯一鮮明なのが、38キロに鎮座する上り坂が、ラスボスを倒すのに近く、汗と鼻水が止まらなかったことだ。

それでもフィニッシュラインを越えたとき、その達成感と解放感から涙が頰を伝った。運動で泣く人の気持ちが理解できなかったけど、その真髄に初めて触れた気がする。

首にかけられたメダルは予想外に重くて、日焼けした首の皮膚に食い込んで痛かった。それでもメダルを外さずに、ワイキキビーチを眺めながら芝生の上で靴を脱ぐと、久しぶりに触れた空気が清々しく指の間を通り抜けた。

何もかもが初めての体験で、しばらく呆然としてしまった。

前言撤回までの寸劇

人生初の42・195キロを走り終わったあと、正直、もう走らない決意をしていた。だって、途方もなくしんどかったから。大学受験の勉強よりも、初めて付き合った彼氏と音信不通になったことよりも、きつかった。

疲労感が全身にへばりついて、身じろぎするたびにどこもかしこもが痛い。足の指の間には、いくつもの水膨れと皮が剝けた痕があって、親指の爪は紫色に変色している。ゴール地点に駆けつけてくれた友人が、フラペチーノ片手に、若干引いていた。

一生に一度でいい。こんなに体を痛めつけること、もうしなくていい。自分は十分よくやった。

運動部でも何でもない女が、ここまでやりきったことをむしろ褒めてほしい。来年の就職活動でのネタにもちょうどいいんじゃないか。

とにかく、もう当分走りたくない。ホテルまでの帰路を四苦八苦して歩き、ホテルに到着したものの、服が上手に脱げず、いつもの倍以上の時間をかけて辿《たど》り着いたシャワーの熱いお湯を浴びながら、もう一生フルマラソンなんて走らないと決めた。

ところが、その決意は数時間後には覆されてしまう。

「女子のフルマラソンの平均タイムって5時間15分らしいよ、ゆうり、おばさんより遅いってことじゃん?」

ワイキキでも老舗のステーキ&シーフードレストランとして有名なTanaka of Tokyoで、食事をしている間のことだった。帰国前日ということもあり、痛む体に鞭打って、お土産屋さんを巡り、ようやく辿り着いたハワイでの最後の晩餐《ばんさん》。今日の苦労に乾杯しつつ、目の前で焼かれた肉にかじりついていたわたしは、一瞬、呆然とした。

「え、何、どういうこと?」

「いや、なんか調べたらさ、女子の平均タイムって5時間15分らしくて。しかも40代とかなんて、平均4時間50分とかだよ、どんだけって感じ」

ズイっと目の前に現れたスマホの画面には、〝女性のマラソン平均タイム年齢別〟のタイトルがあった。スクロールしていくと、女性の平均タイムは5時間15分程度とある。ここのデータを頼るとするなら、わたしのタイムは6時間20分過ぎだったから、平均タイムより1時間以上遅いことになる。

「え、なんかふつーに悔しいんだが」

あんなに頑張ったのに平均より下というのが、途方もなく悔しかった。こうも数字をデータとして差し出されると、客観的事実に殴打されている感じが強くなる。運動部出身でもないし、足は遅いかもしれない。それでも、あれがわたしの本気だったし、全力だった。

いまだって動いてないのに、足は痺《しび》れたように痛むし、爪だって鬱血の紫がさっきよりも濃くなっている。

なんか、悔しい。フルマラソン慰労会ということで首にかけたメダルが、さっきより色褪《いろあ》せた気がした。なんとなくブルーな気持ちになっているのを露知らず、友人の興味はフルマラソンから目の前で焼かれたロブスターに移っていた。

黒っぽい色をしたロブスターの殻が、鉄板の熱で鮮やかな朱に変わっていく。バターに塗《まみ》れたロブスターを美味しく頬張りながら、〝平均以下〟の事実が鉄板の隅にかき集められたカスみたいにくすぶって、その煙が心に充満していった。

鉄板焼きをたらふく食べ、荷造りをして、ベッドに潜りこんでからも、体が疲れすぎなのか、アドレナリンを発しているのか、あまり眠くなかった。眠れないのも相まって、悔しさとむかつきが頭をぐるぐる駆け回る。

若く無鉄砲で負けん気が強かったし、プライドも高い当時のわたしにとって、平均以下のままでフィナーレを飾るのは癪《しゃく》だった。

人生で二度とフルマラソンなんて走らない宣言を撤回、二度目のフルマラソン参加の予約をしたのは、ホノルル空港から成田に舞い戻り、京成線に揺られて帰路についているときだった。

ロサンゼルスマラソンを宣伝するブースが、ホノルルマラソンのエキスポ内にあったのをぼんやり思い起こし、そのまま公式ホームページに飛んで、気がつくとエントリーボタンを押していた。

ホノルルマラソンにエントリーしたのと同じ謎の行動力が、悔しさに背中を押されて、ひょっこりと顔を覗かせてしまった。

開催日時は２０１６年2月14日、ちょうど2カ月後くらいだ。クレジットカードの決済をしてから、誕生日の３日後であることに気づき、次の誕生日は機内でお祝いかなあ、とぼんやり考える。

それにしても、もう死んでも走るか！　と決意した42・１９５キロを、再び走る約束をするなんて変な気分、しかも2カ月後だなんてスピーディー。

このロサンゼルスマラソン、絶対5時間15分を切る、そしてもう二度とマラソンは走らない。

車窓の外で揺れるススキを眺めながら、Googleの検索フォームに〝マラソン　5時間切り〟の文字列を並べ、検索ボタンを押した。

この決意もフラグになるとは、当時は考えもしなかったんだけどね。

第2章

*

見切り発車の行先

自由の国での珍道中

「人間は理論上、走った距離の2倍を走ることができる」

トレーニングの仕方やら、フォームや靴選びのポイントやらのページに目がつぶれそうになっていた頃、見計らったかのように現れた金言だった。

そのページの文字列に目を通すと、人間の体は一度走った距離の2倍走れるようにプログラムされているとのことだった。

いま思案すると、この言葉に科学的根拠があるかどうかはまったくわからないけれど、50キロのレースに出場した人って、だいたい、そのあと100キロのレースに出場して完走しているのを考えると、あながち間違っていないのかもしれない。

それはさておき、できるだけ楽をして目標を達成したいわたしにとって、このページは勇気とやる気を与えてくれた。だって、トレーニングとか過酷なこと、全力で回避したいし。つまり、15キロを止まることなく走れたら、理論上走れるってことだ。残りの12キロはなんとかなる、たぶん。ホノルルマラソンに出場する前、人生で走った最長距離は5キロだった。それでも完走できたのだから、15キロを走れるようになれば、余裕で完走できるに違いない。

謎理論を脳内の机上で展開させ、ひとりで納得して、とりあえず走ることにした。善は急げ、それに15キロ走れたら2月まで走らなくていい、そう考えてにんまりする。どこまでもギリギリまで運動をやりたくない奴なのだった。

42・195キロを経験済みの体にとって、15キロは緩く感じたのか、想像以上に楽に走れてあっという間に完遂してしまった。

なんだ、ちょろいじゃん。1時間半以上も走ることができた。

カシスオレンジの色だった江戸川の土手が、グラデーションをもって藍色に変わっていき、やがてそれも混ざり合ってひとまとめになった。東京スカイツリーの先でぐるぐる旋回しているLEDライトは、千葉県からでもはっきりわかる。睦月《むつき》の空気は冷蔵庫の中みたいで、わたしの体はすっかり冷えてしまった。

仕方ないから、小走りで家路を辿る。今日はもう走りたくないのに、なぜか足はいつもより軽かった。

そんな日々を送っていたら、あっという間にロサンゼルスマラソンは近づいていった。

大学構内の掲示板の端っこに留めてあった留学生サポーターの張り紙を目にして、なんとなく応募したのが、大学2年生の春のこと。何も考えないで軽いノリで参加した自分を褒めたい。その謎の行動力のおかげで、いまではロサンゼルスの友人が溢れかえっている。

USC(南カルフォルニア大学)の学生十数人を三鷹の森ジブリ美術館やら、ポケモンストアやら、東京ドームシティやら、都内のいろいろな場所に遊びにいって、1カ月が過ぎて彼らが帰国するときには、空港に向かうバスの前で鼻水垂らして号泣した。

それからちょうど1年、ロサンゼルスで再会した彼らのおかげで、滞在はクールでイージーモードだった。

ビバリーヒルズの朝食は、ユナイテッドステイツなのに、フルーツたっぷりの健康志向で、ハリウッドモデルが体型を維持できる理由がわかった気がした。

ラックマ美術館(ロサンゼルスカウンティ美術館)では、天井から垂れ下がる無数のスパゲッティみたいな展示品に巻かれたり、ロサンゼルスにやってきたのに日本式焼肉をご馳走になったりした(どこでも肉は美味しいから良しとする)。

そして、今回のメインイベントのロサンゼルスマラソンのエキスポにも連れていってもらった。ホノルルマラソンは出場者の半分以上が日本人で、至るところで日本語が飛び交っていたけれど、ロサンゼルスはさすがアメリカ本土、英語しか存在しない。

ロサンゼルス在住の友人に引きずられて、瞬く間にゼッケンを受け取った。あんまり記憶が定かではないけど、とにかく混んでいたのを覚えている。それに友人がいなかったら、そもそも辿り着けていない気もする。車がないと行きにくい所だったからだ。

そんなこんなで楽しくロサンゼルス観光をしながら、ロサンゼルスマラソンの当日を迎えたが、ホノルルマラソンと一味も二味も違うマラソンに度肝を抜かれることになる。


当日の朝にスタート地点までの道筋を調べると、バスに乗るようにGoogle Map先生がご教示してくれた。先生のお導きのもと、指定された番号のバスに乗って揺られること数十分。おかしい、目的地に到着しない。

Google Map先生を再度開くと、GPSがルートと大幅にずれていて驚愕した。何かが起こっている。とにもかくにも、あわてて運転手にマップを見せながら目的地を伝えると、

「今日はマラソンでルート変更しているから、そこは通らないよ」

そう面倒くさそうにあしらわれ、バスは進んだ。二度目の驚愕である。汗で湿ったドル札を握りしめながら、次のバス停でとりあえず降りて現在地を確認。

スタート地点から5キロ以上離れていて、呼吸がうまくできなかった。絶体絶命、大ピンチ。ロサンゼルスのわけのわからない住宅街で迷子、幼稚園児のように涙が溢れそうだ。でも、ラッキーだったのが、携帯で2000円くらい課金すれば、なんとインターネットが24時間使い放題だったこと。迷わず課金をして、Uberを呼んだ。

3分くらいでやってきた車に乗り込むや否や、とにかくスタート時間があるから急げ！　と運転手を急かしまくった。はた迷惑な日本人女だ。

運転手のお兄さんは頑張ってくれたのだけれども、まさかの駐車場渋滞により、スタート地点に一生駐車できない問題が浮上した。泣く泣く途中下車し、走ってスタート地点に向かった。20ドル強の出費が地味に痛いが仕方がない。

スタート地点はドジャー・スタジアムで、ランナーはドジャー・スタジアムの中で待てるなんて特典があるらしいのだけど（走り終わってから知った）、もちろんそんな余裕はない。手荷物を預けてなんとかスタート地点に着いたら、もうスタートしていた。

号砲も何も耳にしない、悲しいスタートである。ドジャー・スタジアムにあるロサンゼルス・ドジャースのロゴが、日に当たって青が見えなくなっていた。

それでも、ホノルルマラソンとはスタート地点の段階で異なっているのはすぐに理解した。だって、とにかくうるさい。イヤホンで音楽を聴いていたはずなのに、人の声で音楽がかき消された。耳にゼロ距離なのはイヤホンなのに、周囲の声が勝るってどんな音量なんだ。ホノルルマラソンの数百倍はある。

そして、MCの陽気なアメリカ人の声も、これまた響いて、大音量が耳を揺らした。

周囲は住宅街、日本でやったら速攻で大クレームだし、おそらく役所が駆け込み寺みたいになる。それはさておき、ランナーも朝から元気だし、どっちかっていえばパーリーピーポーの雰囲気に近いし、これから42・195キロ走るって感じではない。それに、お世辞にも体型がスリムではない人も溢れていた。わたしに「お前太ってね？」と吐き捨てた、180キロ超えの同期と似たような体型の人もいる。服装だってランニングシャツに短パンみたいな人もいたし、コットンTシャツの人もいた。汗が大変なことになりそうだ。

なんだか、とても自由だった。

マラソンって楽しい！

ロサンゼルスマラソンは、〝ザ・王道〟と呼ぶべき名所を辿るコースになっている。ドジャー・スタジアムをスタートしてダウンタウンを突き抜け、チャイナタウンやリトルトーキョーなどの名所を通る。そのあとはハリウッドのチャイニーズシアターの真ん前の道路を通り、ハリウッドサインを眺めながら、ビバリーヒルズを走り抜ける。

海へ真っ直ぐ続く2号線を走りきったところで待ちわびるサンタモニカビーチがゴールだ。

「アベンジャーズ」もびっくりのオールスター勢揃い。

視界がずっと楽しい。これはマラソンを走るうえで、わたしにとって大切なことだ。延々と同じ景色が続くと、目が飽きて脳も飽きてくる。すると疲れをいっそう過激に感じる。けれど、景色が変わるとそっちに意識が引っ張られて、あんまり疲れを感じない。

ロサンゼルスマラソンは、その景色がテンションを煽ってくる。周りのランナーもやっぱり高揚していた。

とくに、チャイニーズシアターの前では写真を撮る列が形成されていた。床の手形に手のひらを置くやつ、やりたくなるよね。

でも景色以上に、沿道の声援がホノルルマラソンのそれとは桁違いだった。

基本的に、ハイウェイとか人が立ち入れないエリア以外は人が絶えることがなくて、そしてとにかくパワフルだった。それこそイヤホンの音がかき消される。

名前の部分を派手にデコレーションした段ボールの看板を持ってランナーを応援している人や、走っているであろう人の写真をどでかくコピーして段ボールに貼って掲げている人もいる。写真を拡大しすぎてコピーしたせいで画質がかなり粗い。油性マーカーで殴り書きされた文字がアメリカっぽい。そして知り合いではないランナーにも、そんなパーリーピーポーみたいな人が声をかけ続けて、喉がつぶれちゃうんじゃないかってくらい応援してくれた。

手を出して待っているキッズがいるので、「何かな？」と考えていると、前にいる中年のランナーがハイタッチしに子どものほうに走っていた。それに続いて女の人、お兄さん、いろんな人が子どもの手に触れる。わたしも流れでハイタッチをした。手と手が触れ合うだけなのにすごい。なんか元気をもらっちゃった。

チャイナタウンでは、獅子舞みたいなのが舞っていて、ハリウッドの前ではまがいもののミッキーマウスの着ぐるみが踊って応援してくれた。

至るところから音楽が流れて、途中から耳につっこまれただけのイヤホンを抜いた。耳に空気が入ると同時に、人の声や音楽が今まで以上に入ってきて、何かのデジャヴを感じた。

あ、これフェスで経験するのと一緒だ。耳の穴に一気に流れこんだ音が反響する感じ。そして時折、全員が同じTシャツを着ている団体に遭遇した。いろんな団体がいたんだけど、これがまた全部パワフルで、DJも常駐していて、一種のクラブイベントみたいになっていた。

音楽センスもバチバチ弾かれちゃうくらいにイカしていて、聴いたことはないけど、この曲好きかも！　みたいなのがいっぱい流れていて、気持ちよくなった。

ちなみにランナーが通るたびに、全力で応援してくれるし、オレンジとかコーラとかをくれる。アメリカっぽい。テンションが高すぎて、ここの人は、全員が飲酒をしている、もしくはマリファナを吸っているに違いないって半ば確信をもって考えていたんだけど、後日この話を聞いたロスの友いわく、全員シラフとのこと。

カリフォルニア州では、路上飲酒もマリファナも禁止らしい。けれど、車で吸っていると、煙がもくもく窓から吐き出されるからすぐにわかるそうだ（マリファナはこのあと2018年1月に解禁になったとのこと）。

シラフでこのテンションってすごくない？　日本人なんて、クラブにいてもこのテンションになれるのは半分くらいだと思う。

楽しかった。走りながら楽しいって、いままでにない現象が脳で発生していて、頭がバグりそうになる。足はだんだん重みを増しているが、それ以上に楽しさの脳内麻薬が溢れて、テンションが高くなった。

知らない人とハイタッチするのも最初は抵抗があったけど、半分を過ぎた頃から、自分から掌めがけて走ってめっちゃハイタッチするようになった。すると元気になった。

30キロを過ぎたあたりまで走りきれちゃって、32キロくらいで初めて歩いた。まだ3時間30分くらいしか経ってなかった。すごい。2号線はだらだら長くて脳内麻薬が切れかけたのかちょっとしんどかったけど、上半身裸のぽっちゃりおじさんがテンション高く応援してくれて強さを取り戻した。ありがとう、おじさん。

サンタモニカビーチのゴール手前の1キロくらいから、沿道の人が今までの数倍に増えた。ハリウッドスター並みの声援を受けながら、ゴールがぼんやりとある先を目指して足を動かす。ちょっと瞳が潤んだ。人の応援ってやっぱり力になるんだって、その応援をガソリンにして足を動かした。ゴールに近づけば近づくほど、人の声が大きくなる。汗なのか涙なのかわからない水が頬に垂れて、それを拭ってゴールのアーチを越えた。

アプリを止めると、4時間51分、5時間を切っていた。目標達成、有言実行。とりあえずスクショを撮って、ホノルルでわたしの運命を変えた友人にLINEを送った。

5時間を切れたのは、このレースのおかげだった。恍惚と、驚愕と、疲労だった。

帰国してから、布団で寝込んでいた。

ロサンゼルスマラソンを完走してから、ロスの友人がゴール地点まで迎えにきてくれて、完走祝いにハンバーガーをご馳走してくれた。食のチョイスにアメリカを感じる。

次の日はロサンゼルスのアウトレットで爆買いを敢行して、その次の日に飛行機に乗って羽田空港に舞い戻った。鬼のようなスケジュールだ。

羽田空港のつるとんたんでうどんを食べていると、風邪のように寒気と吐き気がやってきて、2玉に増量したうどんを気合いで口にかきこんでトイレへ直行した。

家に帰って体温計を脇に挟むと、表示された数字は38・5度。立派な風邪である。医者で処方された薬を飲んで、羽毛布団に丸々1日くるまった。

昼の日差しに微睡《まどろ》みながらスマホを手に収める。ロサンゼルスの写真を眺めて、在りし日の出来事に浸った。

「楽しかったなあ」

どれだけスワイプしても、カラフルな写真の波が止まらない。好きだ、ラブが止まらない。熱で浮かれた脳みそで考えているから、恋してるみたいになってんのか。それでも、もっと知りたい。もっと楽しいことしたい。

布団から這《は》い出て、荷解きのかけらもないスーツケースから多量のチラシを引っ張りだし、寝転がりながら精査した。ロサンゼルスマラソンのエキスポで渡されたチラシだ。シューズやウェア、エナジージェルとかの広告だけではなくて、ほかのレースの広告も入っている。わたしはホノルルマラソンの広告のおかげで、ロサンゼルスマラソンに出場した口だ。広告からレースを探すのが手っ取り早いから、ペラペラとチラシをめくる。

「お、いいじゃん！」

Bank of America Chicago marathon、チラシを覗きながらGoogleで検索をかけると、立派なウェブページが現れた。

しかも、かなりのランナーが参加しそうだ。エントリー要項を読むと、まさかの抽選制らしい。

今では、「6メジャーズ（アボット・ワールドマラソンメジャーズ）」と呼ばれるマラソンをすべて走りたいかもと思ったりもするのだけれども、当時は、

「6メジャーズ？　野球のメジャーリーグの仲間？」

くらいの感覚だったので、シカゴマラソンがどれくらい人気かも知らなかった。でも、抽選制ってことは人気なはずだし、とりあえずエントリーしよっと軽いノリで抽選に参加することにした。

結局、エントリーしたことも忘れて、当選したのに気づいたのは、クレジットカードの引き落とし額がやけに多くて、不正利用の問い合わせをしようとしたときだった。

人生、急に方向転換

2017年4月、うららかな春。わたしは新卒社会人として、洋服の青山の半額セールで手に入れたリクルートスーツに身を包んでいた。

電車は自分と似たような黒のスーツを着た黒髪の若者で溢れている。個性もへったくれもなく

て、逆に面白い。

就職活動を終えてから、シカゴマラソンとバルセロナマラソンを完走した。残された自由な学生生活のうちに、楽しいことをもっとしたい欲を転がした結果だ。

シカゴマラソンもバルセロナマラソンも、とっても楽しかった。シカゴマラソンは6メジャーズのひとつだけあって、人の声で体が揺れた。ロサンゼルスを超える量の人が沿道にいたし、42・195キロそれが途切れることがなくて刺激的だった。

バルセロナマラソンではアントニ・ガウディの作品群の前を走った。ランナーにはなぜかエッフェル塔を被って走っている人や、2メートルはゆうに超える人形を手押しで走っている集団がいた。なぜなのか。とにかくふたつとも、楽しい。

パーリーピーポーの集い感が強いし、なによりも自由だった。どんな肉体でも、どんな服装でも走ることが許されているのが気持ちいい。


それでも3月の卒業式を終えて、普通の社会人になることを選んだ。逆に、それ以外の選択肢なんて、存在すらしていなかった。

新卒で入社した会社は某複合機メーカーで、とてもよく整備された、大変過ごしやすい環境だった。『会社四季報』（東洋経済新報社）で熟読した事項は、どの会社も有給消化率と勤務時間、年間休日数。これが公務員よりもいい会社は、きっと社員を大事にしていると個人的な論理的思考から、受けるべき会社を見出《みいだ》した。

その思案どおり、親愛なる先輩社員による手厚い研修や、新卒にもかかわらず取れる有給を享受して、仲良くなった同期と新卒社会人ライフを楽しく過ごしていた。

ということで、その後の人生なんて予測はいっさいしていなかったのだ。

事の発端は、オフィスの場所だった。新人研修後に発表された配属先が神奈川県海老名だったのである。ちなみに、わたし自身が望んだ配属先であり、そこに配属してくれた会社側は本当に悪くない。非は100対0でわたしにある。

それに配属された当初、そこから始まる一人暮らしライフに胸を躍らせていた。当時、実家は千葉県に居を構えていたが、海老名までの通勤は平気で2時間を超えてくる。早起きが不得意のわたしにとっては、一人暮らしの選択肢しかなかったのだ。

配属されてからも研修は続き、研修が終わってからは職場の先輩がマンツーマンで指導するOJTがあり、雛鳥にとって非常に手厚い環境だった。

海老名は駅前にららぽーとがあって、LOFTやUNIQLO、無印良品もあって、都内まで足を伸ばさなくても手に入るものは多い。それに、小田急線一本で新宿に行けるし利便性も悪くなかった。海老名を貶《おとし》めるつもりもないし、子育てにはいい街と耳にしてからは移住したいぞ、海老名。

けれど、当時のわたしの思考回路をひっくり返したのは、オフィスの窓からの眺めだった。わたしの配属された部は高層階にあり、海老名の街中を物理的に上から見下ろせる。ぐるりと眺めたその景色は、駅の周辺部を除いて、真っ平の田畑が目いっぱい広がっていて、それは父方の実家の知多半島での眺めにそっくりだった。

愕然として、体の芯がブルブルと振動した。当時、23歳だった。オシャレをしてお酒や美食をすこぶる楽しみたい女にとって、この景色は目に毒ならぬ、目に爆撃だった。人生、いまがいちばん若い。その時間を今の環境で費やしていくことに、疑問が生じてしまったのだ。

なら配属先を考えろよって話なんだけど、そこまで脳が足りてなかった、残念。

今は卵子凍結とか、アンチエイジングとかの戦国時代で、いろんな情報にアクセスできる。もっと高齢になっても出産ができるようになって、いろんなことに長いスパンでチャレンジできる環境になってきた。

でも、当時は、今に比べると情報量が米粒くらいの小ささで、しかも、お値段も現実味を帯びてなかった。生物学上、女性には年齢的に限界がある。決断のタイムリミットが男性に比べて早い。子どもが欲しければ、少なくとも体力的に30歳前半までに妊娠、となると結婚は20代のうちに、などと考えることは山積みだ。わたしは、漠然とだけど、当時子どもは欲しいと考えていたから、このレールを歩まないといけないと思っていた。

けど、そうしたら、自分の好きなことっていつできるんだろう。

だって子どもが生まれたら、子どもと歩む人生になるわけで、１００パーセントの力で全力投球することは難しい。しかも、子どもが成長するにつれて、わたしの年齢も積み重なるわけで。はたして子どもが高校生、大学生になったとき、わたしの体力がいかほど残っているのか。それに、大病を患うかもしれない。ただ確実にいえるのは、体力は今より落ちて、顔の皺が増えていくことだ。

そうなると、この20代前半の無敵感のある時間はとんでもなく貴重で、大切にすべき時間なんじゃないか。会社からの帰り道、ららぽーとのスーパーマーケットで買ったトイレットペーパーを抱えて歩きながら、ぼんやり考えた。

この田園を抜けて、何がしたいの。わたしは何が好きなんだろう。

たぶんこれって就職活動のときにやることなんだよね、この段階に至るのが遅すぎる。自己分析とかやっつけで適当にやったのが、ここで響くとは。

でも、いまがいちばん若いんだから、いつも面倒くさくなったときの助っ人の音楽に逃げないで考えよう。今日ばかりはイヤホンを仕舞い込んで、電車に乗り込んで考えた。

真っ先に浮かんだのが、海外で感じた、あの恍惚だった。

「海外でのマラソン、楽しかったなあ」。大学卒業を機に引退ってほどではないけど、働いたらもうやらないと胸の箱に仕舞いこんだ、あの情熱。なんでお片付けしちゃったんだろ。スマホの写真フォルダを開いて、ロス、シカゴ、ホノルル、バルセロナの写真をスワイプしようとしたら、いきなりわたしの汗まみれの顔が現れた（モンスターかよ）。

それにもめげずスワイプを続けると、じんわりと脳があったまってきた。

埃を被った箱の蓋がひらいて、情熱が顔を覗かせている。なんだか心がときめいて、最寄り駅に着いてから高揚して家までの道を歩いた。

トイレットペーパーを電車に置いてきいたことに気がついたのは、家に着く直前だった。

「わたしの長所は決断力と行動力、短所はよく考えないところです」

そんな就職活動での受け答えがまさしくそのとおりで、海外のマラソンをもっと走りたい欲にかられてから、割とすぐＯＪＴの先輩に辞意を表明した。先輩もあまりの変わり身の早さにびっくりしながら、「課長に伝えてみるね……」と内線で電話をかけてくれた。

課長も、この前歓迎会をしたばかりなのに、と衝撃を受けながらも、「自分で決めたことなら仕方ない」と納得してくださり、今度は課長の上司に話が伝わった。ザ・大企業、手続きひとつで数多くのステップを踏む必要がある。

ちなみに、人事部にこの話が伝わったとき、当時の採用担当の方は、「1年は持つと思ったんだけどねえ」と笑っていたらしい（辞めることが前提に採用されていたのか）。あれよあれよと事は進み、辞める日には配属部のトップの統括部長と面談を組んでいただいた。

「好きなことをやり続ける、しかも、それで食ってくってなると、きついこともあるし、悩むこともいっぱいあるだろうけど、決めた道は頑張って進んでください」

ありがたいお言葉、最後の最後まで嫌味のひとつもなく、歓迎会の次に送別会も開催してもらって、この会社に新卒で入社したことで、ネガティブな感情はひとつもない。

送別会では電子レンジでも使える圧力鍋をプレゼントにもらった。半年で辞めるなめた若者を、とても手厚く送別していただいて、海老名には足を向けて寝られない。

ちなみにいまだに人事部の方とは飲みにいったり、同期と遊んだりしている。それくらい素晴らしく環境の良い会社だった。

それでも、会社を辞めた。もう空が秋に染まった頃、好きなことをするために、会社を辞めたのだ。

イスタンブールでの奮闘

会社を辞めてしまった。猪もビビるくらいのスピードでだ。

社会の一部になるのを辞めてしまったし、わたしにはいかなる制限もない。とりあえず、近日中に開催される海外のマラソンをリサーチして、エントリーすることにした。

ネットの海で探した結果、10月の末にイスタンブールマラソンがあるのを発見したので、それに出場することにした。

イスタンブールを走るまで、足りない頭で今後を考えることにした。

好きなことをするために会社を辞めたのだから、好きなことをしてお金を稼がないと意味がない。言葉にするのは簡単だ。スマホに打ち込んだり、声に出したりするだけでいい。けれど、それを実現するのは話が別だ。どのような手段で、これを実現するかだ。

もちろん、考えなしに辞めたわけではない。けれど30歳近くなったいまの自分からすると、とてつもなく浅はかで、思慮に欠けていた。

その当時、巷《ちまた》ではスポンサーをつけて世界一周を企てる若者がそこそこいた。

もっとも有名な例は、今では作家にもなったはあちゅう（伊藤春香）氏だろう。『わたしは、なぜタダで70日間世界一周できたのか？』なんてタイトルの書籍を出版しているくらいだ。それ以外にも、「3社のスポンサー様を獲得しました」とか「100万円の協賛金をいただきました」とかがインターネットには溢れていた。

乗るしかない、そのビッグウェーブに。少なくとも同い年で、世界一周しながら海外のマラソンを走る女はいない。まさしく市場にライバルのいない〝ブルーオーシャン〟ってやつじゃん。根拠も論理的思考もなく、なぜか事がうまく進むと確信していたのは若さゆえだろう。

そこから、わたしは機械音痴ながらもサーバーとドメインを借りて、ヒーヒー言いながらWordPressでブログをつくることにした。まだ、海老名の側の東京・町田に住んでいたので、前の会社の同期がちょくちょく手伝いにきてくれた。

彼らは理系の大学院まで通って研究してきたエリートだから、わたしが5時間かかっても解けない問題を、ものの5分で魔法のように解決し、わたしの家でご飯を食べて帰っていく。等価交換の優しい世界だ。

必死こいてつくったブログは、わが子のように可愛いかった。レイアウトもガタガタだし、まだ記事も載ってなかったけど、好きなことのために頑張るのは楽しい。ここから自分の人生が始まるんだと感じて、鼓動が高まった。

同時に、人づてに、いろんな人の話を聴きにいった。すでにスポンサーを獲得して世界を旅した人、パソコンひとつで働きながら世界を転々としている人、インフルエンサーとして生計を立てている人、いろんな形の人生があって、イルミネーションのように輝いて見えた。

何かを残すマラソンにしないと。キラキラしている人の話を耳にすればするほど、SNSで情報収集すればするほど、結果を残して羨望の眼差しを手に入れたい欲が強くなる。何をすると爪痕が残せるのだろう。

試行錯誤した結論が、イスタンブールマラソンのエキスポで、ランナーにインタビューをすることだった。

わたしは海外のマラソンが楽しくて走っているわけだけど、そもそも日本では体育の授業なんて大嫌いで、マラソンなんてネガティブなイメージしかなかった。

中学生の頃の5キロ走では、走っていないと先生から叱られたし、順位も後ろから数えたほうが早かった。それに「24時間テレビ」（日本テレビ系列）のマラソンで、最後は泣きながら走っている姿を見ても、感動よりも、つらさのほうを感じるタイプだった。でも海外では、走っている人はとてつもなくテンションが高く、応援している人も同じだ。そのエネルギーはどこからやってくるのかが気になっていた。

なんで走ることを決めたのか、それを海外のランナーに聞いてみたら、なかなか面白いんじゃないか。自分なりにいいアイデアだと感じて、すぐに手筈を整えることにした。まずFacebook

でイスタンブールにいる日本語を話せる方の紹介を募り、その後にトルコ語で質問の翻訳を教えてもらったりした。

Facebook の知り合いには親身な人が多いのと、トルコは親日だからか、突発的な割に、なんとかなってインタビューができる環境を構築するのに成功した。

スマホだけでは美しい写真は撮れないという言葉を真に受けて、家電量販店にカメラを買いに走った。たいしてカメラの勉強などしていないくせに、貯金を切り崩してデジカメを購入した。

このカメラでインタビューした人の写真を撮ろう。あとスケッチブックに意気込みを書いてもらって、それも一緒に写真に撮りたい。細かな手伝いがあったとはいえ、基本的にひとりで必死に準備をしたからこそ、絶対に爪痕を残したかった。

イスタンブールに渡航する前日は、ボルテージが高まっていて全然眠れなかった。布団にくるまって、暗闇に溶けるようにぎゅっと目をつぶった。

イスタンブールでの日々はとても充実していて、人とコーヒーは死ぬほど甘く、ケバブは日本のよりも濃い肉の味がした。

エキスポでは、東京外国語大学に留学していたトルコ人が合流して、インタビューをせっせと手伝ってくれた。名前はエルハン。彼のおかげでインタビューは大成功。数十名のランナーに回答をもらえて、取れ高はほくほくだった。

お礼に晩ご飯をご馳走しようと会計に向かおうとすると、ケバブもピスタチオコーヒーも、全部いつの間にかエルハンによって支払われていて、顔から血の気が引いたのが懐かしい。

インタビューに答えてくれた人も、快く写真を撮らせてくれて、心がじんわり温まって、充足感があった。

「マラソンを走ることがとても嬉しい」

「恵まれない子どもたちのために走る」

気持ちの詰まったインタビューで、イスタンブールから戻ってまとめていた際にも、時折涙があふれ出た。

スタートエリアは1メートル以上のテディベアを持って走っている人や、靴を履かないで走ってる人、もはや最初から徒歩ムーブを決めている人やらで溢れていた。

なんかトルコっぽい音楽が爆音で流れているなあと耳をすましたら、ランナーがスピーカーを抱えて爆音で流して準備運動をしていたりした。

しかも、輪になって謎のダンスみたいなのもスタートしていて、パーティー会場みたいだ。お祭り騒ぎは延々と続き、スタートしてからも第一ボスポラス大橋の前で写真を撮るランナーでがちゃがちゃしていた。

このボスポラス大橋、アジアとヨーロッパの大陸にかかる世界最古の橋だが、普段は車専用で、人が通れるのはイスタンブールマラソンの日だけらしい。レア度が高いから、この橋を渡るために参加するランナーも結構いた。

イスタンブールマラソンは11キロと42・195キロのふたつのレースが同時開催されていたのだけど、11キロのほうが圧倒的に人気で、42・195キロの分岐点を過ぎると、潮が引くように人がいなくなって、道がしんみりした。

レースでいきなり人が減少するのも初めての体験だった。それでも、前日にインタビューさせてくれた人が覚えていて声をかけてくれたり、ちょっと歩いていると知らないランナーが手を引っ張ってくれたり、個人競技なのにチーム戦と化していて面白かった。

ゴール地点ではエルハンが待っていてくれて、地味に泣いた。渡されたケバブにかじりついたら、喉に肉が引っ付いて盛大にむせた。

口からこぼれ落ちた肉を、足元の鳩が摘んで飛んでいった。

心の折れる音がした

日本に帰国してから、WordPressのブログにインタビュー記事を必死に投稿した。

写真とタイトル、インタビューした内容を整えて投稿する準備を毎日せっせとしていた。やることは少なく感じるけど、数十人分のインタビューにもなると作業量は山のようになる。それでも時間をかけて地道にインタビュー記事を更新し続けては、友達や、人づてで知り合った人たちに、「ぜひ読んで、感想いただけると嬉しいです」とアピールしまくっていた。

友達の何人かは、「めっちゃ、面白かった、もっと続きを読みたい！」とポジティブな感想をくれたけれど、自由かつきらびやかな世界を生きているように見える人たちからは、「はーい、時間があるときに読むね」と社交辞令が送られたきりだった。

孤独だった。自分が頑張ってやったことがまったく評価されないことが、ほとんど誰の目にも触れないことが悔しかった。それでも爪痕を残したくて、必死にインタビューを更新し続けた。

「正直に言わせてもらうと、これをやる意味ってあるのかな。テレビ番組がお金をかけてやればすぐにできることだよね？　それをテレビもやらないのって、面白くない、誰も求めていないからじゃないかな」

こんなメッセージが届いたのは、インタビューを更新して少し経ってから。協賛をつけて旅をしている、わたしの目からしたら成功している方からのメッセージだった。読んで感想いただければ、とURLを送っていたのに対する返信だった。

ぽきっと心が折れた音がした。その方が悪いわけではない。読んだ感想をねだったのは、ほかでもないわたしだ。感想を送ってもらっただけ、良しと思わないといけない。

けれど、きつくなってしまった。自分が一から準備して組み立てて、なんとか形にしたものを、面白くないと一刀両断されることが、わが子を否定されるようでとにかく悲しかった。母親の気持ちと同じだろう。息子は恋人、娘は分身と称されるくらいだ。子どもを否定されると、自分を否定されたような気持ちになってしまう。

目からビー玉くらいの水滴がぼろっとこぼれ、スマホの画面にぶつかって広がった。そこから何粒ものビー玉がぼろぼろこぼれ、ガラス板の上には湖が生まれ、縁から床に滴った。喉からヒューヒュー音がして、動物のうなり声のような音が続けてやってくる。そのまま膝をついて床にうずくまって泣いた。

フローリングの溝に涙が流れて川のようになって、どんどん進んでいく。こんなことで、こんなふうになってしまうわたしが弱いのかもしれない。けれど、一度床に崩れ落ちてしまうと立ち上がれなかった。冬の始まり、白い息が混じる頃だった。

第3章

*

憧れの
モンサンミッシェル

働かざる者、食うべからず

立ち上がろうと気力を振り絞ったのは、冬と春が混じる時期だった。

〝働かざる者食うべからず〟の状態が近づいてきて、動かないといけなくなったのだ。動けないくせに腹は減るし、排泄もする。雨風を凌《しの》ぐ住居のために、銀行口座からは毎月それなりの金額が引き落とされる。生きるのには金がかかるのだ。

部屋の中の澱んだ空気を吐き出すために窓に向かうと、床に積み重なった埃が足の裏にしがみついてざらついた。

踏ん張って窓を開けると、久しぶりの自然な冷気に体がすくんだし、鋭い日光が目を刺して視界がチカチカした。

この数カ月、ひたすらしんどかった。

自分なりの〝精いっぱい〟を否定されたのはとにかくつらかったし、〝面白くない〟と一刀両断されたのも苦しかった。勢いで正社員を辞したが、つねに不安はつきまとい、私生活もすさみ、相談できる人がいなかったことも一因だったかもしれない。

インターネットやSNSに流れてくる、順風満帆な人生を送っているように見える人間の姿を目にするたびに、鋭い刃で自尊心を切りつけられている感覚がして体が痛んだ。

「150万円の協賛金をいただき、無事、世界一周に行ってきます！」

「数カ月でこれだけの物資提供が得られました！」

「このたびスポンサーがつきました！」

そんな人は絶対的少数にもかかわらず、自分がなりたい姿にばかり焦点が定まる。その姿を眺めては自信を喪失し、布団を体に巻きつけて小さくなることを繰り返していた。

「働くか……」

脳内で押し問答を繰り返した末の結論だった。勢いで会社を辞めたのに、ほんの数カ月で社会の歯車の一員に戻るに至ったのは、シンデレラストーリーを夢みた若さゆえの甘すぎる思考回路のせいだった。

奮闘していたプライドは粉砕され、もうHPはゼロの状態に近い。悔しさ、恥ずかしさ、無力感、そんな感情が嵐のように過ぎ去ったあとは、もう虚無、空っぽだった。

窓際に座りながら、普段あまり食べないカップラーメンをすすり、今後の行く末をなんとなく考えた。とりあえずあきらめよう。

「好きなことだけをして生きていく才能は、今の自分にはない」

ということを、悔しいけれど骨の髄まで理解した。

たった一言で心折れてしまうくらいの人間なのだ。その一言を燃料に闘志を燃やして、加速度を上げて頑張ることができなかった。そんな人間が、お金をもらって好きなことだけをして生きていくのは、都合が良すぎる。

でも、それでも好きなことを続けることはできるはずだ。

好きなことをして生きていくために、素晴らしい会社を退職したのだから、好きなことをして生きることまであきらめてしまってはいけない。働こう、そしてお金を稼ごう。汗水垂らして働いたお金で、世界を走るんだ。わたしにはそれがきっと向いている。

久しぶりにLINEを開くと、洪水のように通知が溢れ出し、携帯が振動した。布団の上に振動する携帯を放り投げて、カップラーメンの汁をシンクに流す。汁を流しきって空になったプラスチックの容器を屑箱に捨て、布団の上に転がった。

背中につぶされた携帯を救出して、通知を受けきったLINEを寝転がりながらひたすらスクロールした。未読のものはあとで返信しよう。連絡くれた方々、レスポンスが遅くてごめんなさい、と心の中で合掌し、画面をスクロールして目当ての連絡先をタップし、トーク画面に文章を打ち込んだ。

「ひさしぶり！　出戻りになっちゃうんだけどさ、週4から5くらいで働けたりする？　時間は10〜19時がいいんだけど、頼む！」

今思うと、人にお願いするような態度ではない文面だが。

結局、わたしは大学時代のバイト先に出戻った。失礼なLINEをしたのにもかかわらず、快くシフト提出を許してくれたバイト先に感謝だ。朝起きて、日中は労働をして、夜になったら睡眠をとる。やはり、規則正しい生活を送ることが健康に生きるための必要条件なのか。体と精神の調子はすっかり改善した。


「お疲れさまっした～」

タイムカードを機械に差し込むと、ピッと音がしてカードが外に押し出される。

建物の外は、もう夜の色、街灯の白い光がまぶしい。路肩には木から落ちきった桜の花びらが茶に色を変えて、濁った水と混じり合って溶けかけていた。

海老名の側に構えていた居も、都心に移した。町田の1LDKはひとりで暮らすには広すぎる。お金を節約しないといけないけど、立地も大切だ。

いくつかの物件を眺めて、結局、麻布十番のシェアハウスに住むことにした。ドミトリータイプ、家賃は月3万円と格安だ。敷金、礼金、手数料も必要なかったけれど、実家の寝室くらいの部屋に2段ベッドがふたつも詰められて、荷物はプラスチックの収納ケースひとつくらいしか許されなかった。夜になるとどこからかいびき、朝になると早起きの人のかけたアラームがずっと鳴っていて、混沌《こんとん》としていた。それでも毎日きちんと働くと、お金は貯まっていく。コンビニのおにぎりとカップ味噌汁の朝食、お昼と夕飯は、会社のおじさんが手助けしてくれたおかげで、お金がかからないことも多かった。もはや賄い付きに近い職である。

洋服や化粧品はあんまり買えなかったけど、仕方がない。素材がいいから大丈夫と自分に言い聞かせて、すっぴんで出勤したりしていた。暴挙に近い。穴があったら入りたいけど、今もたまに面倒くさくてすっぴんで出社することもあるので、生まれつきの気性のようだ。

そんなちまちました努力ゆえなのか、通帳に残金を印字するたびにほくそ笑んだ。

当時は東京から大阪行きの片道の新幹線代よりも、ソウルや台北行きの往復航空券代のほうが安いという、〝石油価格バグ〟が起こっている時代だった。

ちょっとのお金ですぐに海外旅行ができるし、台北やらソウルやらの東アジアの大都市は日本人で溢れていた気もする。海外旅行よりも、国内旅行が贅沢品なんて、デパコスよりプチプラのほうが高くなったみたいな感じだ。

そんな状況だったので、労働を再開して2カ月ほど経った桜の散る頃には、海外に飛べるくらいのお金が通帳には印字されていた。久しぶりにGoogleの検索バーに「海外　マラソン」の文字を打ち込む。

どこからか、「お帰り」と呼ばれたような気がした。

北フランスでのホームステイ

フランスのモンサンミッシェルは、小学生の頃に読んだ『世界遺産大図鑑』（小学館）で知った。モンサンミッシェル自体よりも、そこで食べられるふわふわのオムレツに興味津々だった。だって、卵があんなに膨らむとは思えない。

大学生になり、東京の有楽町でそのオムレツが食べられることを知った。足を運んで、小学生の頃からの憧れを口にすると、泡を口に詰めたような感覚に愕然とした。

それはさておき、モンサンミッシェルのあたりを駆け回るのは、なんとなく写真が盛れそうだし、世界遺産にも行けるわけだしコスパがいい。

パリマラソンへの情報収集がてら発見したマラソンだったけど、そんな軽い気持ちで気軽にエントリーしてしまった。

「してしまった」というのが、わたしの悪い癖。いまいちコースとか確認しないで、エントリーだけ済ませてしまう。本当にこの習性はやめたいのだが、今に至るまでやめられていない。われながら、計画性のなさがすごいと思う。

エントリー後に発覚したことだが、モンサンミッシェルマラソンは、まさかのモンサンミッシェル周りを駆け回るレースじゃなかった。

よくよくレース案内を読むと、モンサンミッシェルを目指して走るコースと書いてある。「詐欺だ！」と叫びたくなった。自業自得なのにね。

カンカルと呼ばれる港街から、42・195キロを走ってモンサンミッシェルを目指す。そんなストーリーで組み立てられているマラソンらしい。そもそもカンカルってどこ？　観光地でないことは確かで、Googleで日本語検索をかけても情報が全然上がってこない。唯一わかったことは、牡蠣の名産地らしい（牡蠣は大好きだ）。

英語と日本語で検索をかけると、カンカルまではサンマロという隣町（カンカルよりも少し大きいみたい）からバスが走っているとの情報が上がってきた。ちなみに、スタートは朝9時、その時間にバスが動いているのかは疑問しかない。

そして、いちばん大きな問題は、カンカルに宿が存在しないことだった。

正確にいえば、存在はするんだけど、べらぼうに高い。1泊2万円以上、20代前半の金欠具合を考えていただきたい。サンマロで探しても1泊1万円以上。ホテルの数が少ないから、パリよりも宿泊費がかさむ現象が起こっている。世知辛い。

3月末から職にありついたこともあり、銀行口座の季節はなけなしの貯金があるとは言えども冬。下手すると宿泊費が航空券より高い謎の事案が発生してしまうが、それは避けたい。ということで、バックパッカースタイルで世界一周しているときに、ポルトガル人からご教示いただいたカウチサーフィンというSNSを使うことに決めた。

カウチサーフィンは、誰かの家に泊まらせてもらいたい人と、泊まらせてあげる代わりに異文化交流がしたい人をマッチングするSNSのこと。何よりありがたいのが、無料で宿泊できる。まさしく人の慈善でできているSNSだ。

だけど、〝ただより高いものはない〟という言葉もあるように、トラブルに巻き込まれたときに、ホテルに宿泊しているより面倒ごとになるデメリットもある。難しい天秤、ご利用はご自身判断でという感じ。

けれど、背に腹は代えられない。だって、お金がないのは変わらない事実なんだから。ちなみに相手の性別も選べるし、眠る場所が共用スペースかプライベートルームかも選べる。そして、プロフィールを読んだり、メッセージをやりとりしたりして数日後、サンマロでのホストが決まった。

ニコルさん67歳、旦那さん69歳で、サンマロで研究員をしているご夫婦だ。結論からいうと、本当に素晴らしいホームステイをさせていただき、別れ際は半べそだった。

ホームステイの詳細は後述するが、こうしてなんとか宿泊先も決まって、予定どおりにパリに飛んだ。航空会社は、中国国際航空。スターアライアンスの加盟だし、なによりもめちゃくちゃ安い。パリへの航空券が往復で6万円弱だった。

モンサンミッシェルマラソンは、ゼッケンを受け取るエキスポが存在しない。正確にいえば存在するが、車でしか辿り着けないところで受け渡しがある。そもそも免許すら持っていないわたしにしたら無理ゲーだ。

でも、心配はいらない。なんと、モンサンミッシェルマラソンではゼッケンを、ギリギリのタイミングでのエントリーでない限り家まで郵送してくれるのだ。

ちなみに、ちゃんと東京までＤＨＬで届いた。素晴らしい。このため当日はスタート地点に直接行って、ぶっつけ本番スタートという流れになる。

パリに到着してからサンマロまでは、相乗りサービスの BlaBlaCar（ブラブライカー）で向かった。

電車を予約するタイミングが遅すぎて、値上がりに値上がりを重ねていたので、当時、現れたばかりのフランス発の相乗りサービスを使うことにした。

パリ中央駅で集合して、同い年くらいのお姉さんが運転する車でサンマロ方面に向かう。車に乗って通り過ぎる景色がだんだんと緑を帯びていく。ちなみに、セキュリティ観念がなさすぎなのだが、パリまでの長距離フライトの疲れで3〜4時間爆睡だった。

目覚めてから10分くらいで、目的地、ニコルさんが研究員として働いている水族館でリリースされた（ありがとう、ドライバーのお姉さん、ずっと爆睡ですいません）。

当時はまだＳＩＭカードとかが当たり前じゃなくて、データ通信もなかなかできなかったから、周囲のか弱すぎるWi-Fiを拾ってニコルさんにメールをした（懐かしい）。

メールを送って5分後に、ニコルさんが迎えにきた。写真とまったく同じ風貌で一安心した（写真とは別人のゴリゴリマッチョの男が来たらどうしようと思っていたから）。

車を15分ほど走らせると、ニコルさんの家に着いた。アパートメントだけど、東京のアパートと比べるまでもなく、大きくて広い。

普段使われていない、わたしが使う予定の客室用のベッドルームもあった。広いリビングには、日本では骨董品店にあるような椅子が置かれていて、それが違和感もなく馴染んでいる。キッチンも広くて、バスルームも全部広い。

もう19時を過ぎていたこともあり、早速、夕食をご馳走になった。ハムやらチーズやらが前菜としてサーブされ、舌平目のムニエルがメインディッシュで用意されている。老舗のレストランみたいだった。

そこからはずっと会話していた。どこに住んでいるのかというさわりの部分から、なんでカウチサーフィンを使うに至ったのか。

ニコルさんたちは、歳を重ねて長距離の旅行が難しくなったけど、異文化交流を楽しみたいと、カウチサーフィンを始めたらしい。わたしがこれまでに行った旅の話をすると、「若いうちに、たくさんの場所に行くことは正しい。年寄りからのアドバイス」

そう金言をくれた。

手の届かないモンサンミッシェル

モンサンミッシェルマラソンの話に戻そう。

ニコルさんにカンカルがスタート地点だと話をすると、カンカル行きのバスは朝の9時発が始発とのこと。早速、詰んだ。

スタートが朝9時だから、そのバスで間に合うわけがない。まじか、と固まっていると、ニコルさんが朝にスタート地点まで車で送ってくれるとにこやかに申し出てくれた。ニコルさんが神のように映る。

そして、レース当日の朝、日本から持参したフリーズドライの親子丼と松茸のお吸い物をしっかりと嗜《たしな》み、ニコルさんの車に乗り込んだ。カンカルまではなかなか距離があって、30分くらいかかった気がする。抹茶味の「キットカット」と日本茶のティーバッグをお土産として献上したけれど、全然足りてないいくらいの施しを受けている。

「レース頑張ってね！」

スタート地点でわたしを降車させたニコルさんは、そう言って車をUターンさせ、サンマロに戻って行った。わたしも60歳になったら、あんな大人になりたいと思った。

カンカルは港街なのもあって、スタート地点は海に面していた。海のほうはバックに写真を撮るランナーで溢れていて、人の壁の奥に海が揺れている。当時のわたしは、まだちょっとシャイだったし、自分の写真なんて撮らなくていいやって思い、1枚も写真はない。

だけど、今思うと、若いんだから写真はたくさん撮っておけばよかった。若いときの写真は何枚あっても無駄ではない。

スタート地点に配置されたスピーカーから、野球場のアナウンスと同等の大きさでMaroon 5の曲が流れていた。スタート地点沿いには民家が寄り添って並んでいて、窓からは住民が顔を覗かせ、手を振ったりしている。

周囲に目を這わせていると、ノリノリの司会者がカウントダウンを始めた。もうそんな時刻か。もちろん、フランスだから、フランス語のカウントダウン。アン・ドゥ・トロワだ。言語の数だけ、カウントダウンも種類がある。

数の単語を頭からよいしょと掘り返しているうちに、スタートしてしまった。

左手には、波打つ海面に太陽が反射してきらめいている。右手には、応援に来た人々がズラーっと並んで手を叩いている。美しい。この景色なら42・195キロ走るのも苦じゃないかもしれない。

そんなことを思ったのも束の間、少し走ったら山道と歩道の中間みたいな道になった。さっきまであんなにいた観客は姿を消し、虫や鳥の鳴き声とわたしたちの息遣い、ランナー同士の会話くらいしか音が存在しない。知多半島の祖母の家から墓場のある山に続く道と同じような田舎道だった。その途中にも民家はポツポツとあって、その中から住民が、

「アレー（行け）！」

と応援してくれる。手を振ると、振り返してくれるから嬉しい。

カンカルを走ってから10キロも経つと、また小さな街を走ることになった。

おじいちゃんが家からでっかいコンポを外に持ってきて、めちゃくちゃな音量でEDM（エレクトロニックダンスミュージック）をかけている。選曲もかなりセンスがいい。

曲をかけながら、おじいちゃん自身はホースで水を上に撒いていた。モンサンミッシェルマラソンが開催されるのは5月末の日曜日。そんなに暑いわけではないのだけれど、2018年は異常気象で朝9時過ぎなのに27度くらいになっていた。

ホースから吹き出ている水が体にかかると、ほてった部分が冷えて気持ちがよかった。

家をとにかく風船で飾り付けして応援する一家や、名称不明のラッパみたいなのを鳴らして応援してくれる人、ハイタッチを求めてくるキッズ、いろんな人の応援を目に入れて走るのは気分がいいし、テンションが上がる。純粋に楽しい。

小さな街を過ぎると、また目の前に広がる田舎道。日本では米の実る田園だが、フランスではフランスパンの元になる麦畑が広がっている。

ハーフ地点に辿り着くと、熱のこもった応援の波が待ち構えていた。大勢が集まっていたし、ランナーの家族も結構いた。でっかい横断幕を子どもと母親が持って、父親を待ち構えていたり、おばあちゃんが孫の顔をでかでかとプリントした自家製のパネルを高く掲げていたりした。音楽も流れているのだけれど、人の歓声のほうが大きくて、音楽が全然聞こえないくらいだ。

ハーフ地点を過ぎると、また田舎道に戻る。ここからゴールの直前まではほとんど景色が変わらなかった。ずっと麦畑、たまに民家を繰り返す感じ。しかも、25キロ過ぎでは山道のようなところを走らされた。

それでも途中、老人会が応援に来たのか、おじいちゃんとおばあちゃん軍団がウェーブのパフォーマンスで応援してくれたり、いきなりバンドマンがゴリゴリのメタルを演奏してくれたりして、途中途中でクスッとする。

30キロを過ぎてしばらくすると、ようやくモンサンミッシェルが小さく姿を現した。まさしくラスボスだ。それまでは暑さにやられてほぼ徒歩ムーブに移行していた周りのランナーたちも、最後の力を振り絞って走り始め、またちょっと走ったら徒歩ムーブに移行してのパターンを繰り返していた。もちろん、わたしもそのひとりだ。

モンサンミッシェルはだんだんとその姿を大きくして、気づいたときには城の細部がわかるくらいまでに近づいていた。ゴール付近ということもあり、観客の数も、その歓声の盛り上がりも、今日いちばんに大きい。

ここで衝撃的な事実が発覚した。モンサンミッシェルの中がゴールかと思いきや、まさかの手前がゴールっぽい。ゴールテープを切って視線を上げると、1キロほど先に、モンサンミッシェルがいた。なかなか壮大だ。だけど中に行けないのが悔しい。

メダルにはロゴ化したモンサンミッシェルの姿がしっかりと掘られている（こんなしっかりモンサンミッシェルを刻むなら、せめて中がゴールとかにしてほしいぞ）。

とはいえ、アットホームで心が温まる大会だった。モンサンミッシェルに入れないのは残念だったけれど、メダルを首にかけて、背後のモンサンミッシェルと一緒に写真を撮る気分は爽快だった。汗まみれで顔についている塩がザラザラする。とにかく早くシャワーを浴びたい。そう思っていたら、ここからがモンサンミッシェルマラソンの、もうひとつの本番だった。

家に帰るまでがマラソンです

わたしはサンマロから来ている、そして、結構な数のランナーがサンマロから来ていたわけだ。ところが、

「バスは3時間後だって!?」

インフォメーションカウンターで叫び声が響いた。実は、モンサンミッシェルマラソンはローカルすぎて、交通の便がめちゃくちゃ悪いのだ。

地元民のほとんどは、車をモンサンミッシェルに駐車して、スタート時はそこからシャトルバスでカンカルまで運んでもらうらしい。

そして、ゴール後に運営側が用意するシャトルバスは、なんとレンヌというそこそこ大きな都市までしか行かないという。

じゃあ、サンマロまではどう帰ればいいのかと尋ねると、近くの鉄道駅までバスが出ているから、とのこと。じゃあそのバスはいつくるかと尋ねると、先ほどの回答だった。

サンマロに泊まっているランナーはおそらく地元ではなく、郊外から来るランナーばかりだ。隣にいたお兄さんはアメリカからやってきたらしい。

もうひとりはスペイン。もうひとりはフランスに住んでいるけど、南部だから全然地元ではないとのことだった。目的地が一緒なので、この4人でとりあえずバスを待つことにした。

みんな悲壮な表情だった。「まじか」って書いてある顔だった。だって42・195キロを走ったあとよ？　帰りのバスに乗るのに3時間以上待つって何事だよ。早くシャワー浴びたいんだけど。しかし、怒ってもバスはこない。仕方なくバス停でわたしたちは時間をつぶしながら、お互いのレースの出来を話し合っていた。

インフォメーションカウンターで、別の団体のおじさんが、バスが3時間後にしかこないのを知って運営に怒鳴りまくっている声がした。

「42・195キロ走ってここまで来たんだぞ！　42・195キロ走って、また帰れって言うのかよ!!」

まったくもって同意だった。その後、3時間の時を経てやってきたバスに乗り込むとき、隣のお兄さんが十字を切っていた（笑）。

そこから駅まで行って、また20分くらい待って電車でサンマロに戻った。サンマロに辿り着いた4人で写真を撮った（それ以降、会ってないけど、みんな元気かな）。

ニコルさんの家に戻ると、ニコルさんと旦那さん、そしてニコルさんのお姉さんが夕飯を準備して待っていてくれた。とりあえず塩まみれの体をなんとかすべく、シャワーを浴びて食卓に戻ると、牡蠣がずらーっと並んでいた。

「サンマロとカンカルでは、牡蠣が美味しいと聞いたから食べたい」

と、わたしが言ったのを、ニコルさんは覚えていたようで、わたしに内緒で牡蠣パーティーを画策してくれていたのだ。

牡蠣はとっても美味しかったし、ニコルさんお手製のパテドカンパーニュはお店で食べるのよりも美味しかった。地元の小エビを茹《ゆ》でてくれて、ピンク色の可愛いワインを飲ませてくれた。

そのあと、わたしたちは海辺に少し散歩に行った。5月末のサンマロの日没はかなり遅く、22時を過ぎてもまだ昼間みたいに明るかった。

小波《さざなみ》に揺れる海が夕日になりかけの太陽の光を含んできらきらしている情景を、今もよく覚えている。

第4章

*

骨が眠る道を走る

〝This is Africa〟

パリから帰国して早々に、次のレースを検討することにした。

居酒屋さんでたまたま放送されていたドキュメンタリーで、世界三大瀑布を紹介していたから、「世界三大瀑布でマラソンってあるのかな?」って疑問を軽率にググった。存在していた。わたしたちが想像する以上に、どこにでもマラソンはあるらしい。

手始めに、いちばん日程が近いのにエントリーすることにした。クレジットカードの番号を打ち込みすぎて、指が自動でボタンを押す。秒でエントリーは完了し、「Welcome Victria's fall Marathon」(ビルトリアの滝マラソン)のメールが3分くらいで届いた。もはやカップラーメンと同等の気軽さだ。

ビクトリアの滝マラソンは、アフリカのジンバブエで開催されている大会らしい。ジンバブエの名前は高校の地理の授業で耳にした記憶がある。ハイパーインフレで1億ジンバブエドルは1円くらいになり、通貨が紙切れと一緒になってしまったんだぞ、と社会科の先生が、〝明日は我が身〟みたいな顔で語ってくれた。

そもそもジンバブエの場所なんて知らなかったから、Google Map 上でアフリカ大陸をさまよ

4　骨が眠る道を走る

った。大陸の真ん中よりは下のほうに位置し、首都はハラレらしい。ビクトリアの滝はお隣のザンビアとの国境に沿って流れていた。

アフリカ大陸はモロッコを除いて行ったことがないし、ジンバブエはモロッコよりも、わたしたちが思い描くアフリカのような感じがする。

画像検索で並んだ写真は、ジンバブエドルを抱えた子どもと象ばかりだった。写真からはどんな国かはあまり想像できないけど、エントリーしてしまったし、とりあえず行くしかない。

航空券を探してみると、ジンバブエのビクトリアの滝空港とザンビアのリビングストン空港はほとんど同じような場所にあるのに、リビングストンに着陸するほうが数万円ほど安かった。迷わず安いほうをクリックして、支払いを完了させる。あとは20時間強の長時間フライトに耐えるだけだった。

最後に乗り込んだ飛行機はプロペラ機で、博物館に展示してあるような年季物だったけど、見ていない振りをしつつ、十字を切りながら着席した。わたしはキリスト教徒ではないけど。

機内にたまたま日本のおじいちゃん、おばあちゃんで構成されたツアー団体が同乗していた。マラソンを走りにいくと伝えるとえらく応援してくれて、降機のときのわたしの手は、酢昆布や干し梅、茎わかめの餞別で溢れていた。

リビングストン空港に到着してから1時間以上は過ぎた。にもかかわらず、わたしを含む多くの乗客はパスポートコントロールの小部屋に押し込まれていた。

笑う大統領の写真が飾られているパスポートコントロールには空調はなく、乾いた熱い風が人の汗を含み、湿った空気に変わっていく。

ハンカチで汗を拭う白人、パスポートコントロールの作業の遅さに悪態をつくアジア人、何でもないように静かに並ぶ黒人が混ざり合う部屋は、人種の坩堝《るつぼ》のようだ。セスナ機が画質の悪いテレビの中で悠然とザンビア川の上を飛んでいる。

「TIA！」

〝This Is Africa〟の略だ。隣のアメリカ人があきらめたような笑みを顔に貼り付けて言っていた。何事でも忍耐と待機力が要求されるアフリカは、電車が時刻どおりにくるのに慣れている日本人にとってはつらい環境だ。

「ネクスト！」

やる気のなさそうに肘をついている入国審査官に手招きされて、パスポートを手渡した。面倒なトラブルとか起こらなきゃいいなあと祈りながら、ビザのシールを貼る審査官の手をぼんやり眺める。この数十分後、とびっきりのトラブルに巻き込まれることになるのを、そのときのわたしはまだ知らなかった。

4　骨が眠る道を走る

　願ったことの、だいたいは叶わない。ようやく辿り着いたジンバブエの国境に到着したところで早速の、しかも、冷や汗が止まらなくなるような大トラブルが勃発した。

「宿は国立公園の中だよ、ここから50キロはある」

「50キロ、50キロ！　嘘でしょ!?」

　ビクトリアの滝マラソンのために取った宿が、まさかの市街地から約50キロ離れたワンゲ国立公園の中にあるという緊急事態発生。スタート地点はもちろん市街地だ。

　ホームページの地図で市街地と離れていないように感じたのは、縮尺による罠だった。送迎のドライバーが必須とメッセージをもらった段階で、何かがおかしいと思うべきだったのだけど、ここまで何の疑問も持たずにやってきてしまった自分を恨みたい。

　送迎にはしっかりお金がかかる。宿から市街地の片道で30ドル、財布の中に冬の木枯らしが年中無休で吹いているわたしにとって、複雑骨折ばりの出費だ。

　しかも、前日にはゼッケンの受け取りもあり、レース当日も朝6時にスタート地点にいる必要があった。何往復する必要があるのか、考えたくもない。

「やばい〜マラソンあるのにやばい〜」

「大丈夫、オーナーが大丈夫と言っていた」

「大丈夫じゃないよ、朝6時がスタートなんだもん」

助手席で頭を抱えて半べそをかくわたしに対し、送迎のドライバーが慰めるように、

「今朝、あそこに象がいたよ」

と草原の遠くを指さす。いや、象は東京の上野動物園にもいるんだよと思いつつ窓の外に目をやると、草原しかなかった。車内でけたたましく鳴り響くアフリカンミュージックが、ほとんど無音の草原に反響しては溶けるということを繰り返していた。

結論からいうと、トラブルは呆気なく解決した。宿に到着したのは17時過ぎ、大地を紅く染め上げながら、ゆっくりと日が沈んでいく途中の頃だった。

「ハロー、待っていたわよ！」

オーナーのジゼルさんが入り口で待っていた。絶望フェイスのわたしとは正反対のパワフル笑顔だった。初対面時、相当な顔をしていたようで、ジゼルさんは後のレビューでこう記している。

〈わたしたちの宿がこんなに遠くの場所にあるって気づいていなかったみたい、この世の終わりのような顔をしていたわ〉

「ユウリ、大丈夫、安心して。あなたはちゃんとマラソンに出場できるわ」

そう力強く親指を立ててジゼルさんは、その根拠を澱みなく語った。

話によると、ジンバブエのランニングチームがマラソンに出場するため、ここに宿泊する予定らしい。そこでジゼルさんがわたしのことを相談してくれていたようで、そのチームは快くわた

しをウェルカムし、ともにスタート地点に送り届けることを約束してくれたとのことだった。

なんていう奇跡、自分の知らないところで、そんな話が進行していたなんて。

「えええ、本当にありがとうございます！　このご恩をなんと言えば」

「ははは、ノープロブレム。とりあえず部屋に案内するわ。夜は野生動物が出没するから気軽に外に出るんじゃないわよ」

驚く発言をさり気なくしつつ、ジゼルさんがコテージに案内してくれた。

どこもかしこもお湯が出ない、とネットのジンバブエ滞在記を読んだけど、お湯はちゃんと浴びることができ、蚊もそんなにいなかった。

サバンナは日が落ちると気温がぐっと下がり、太陽の熱で淀んだ空気が澄んで、無数の星が輪郭をはっきりさせてきらめいている。

そんな美しい星の夜、19時を過ぎたころだった。

食堂でディナーをひとり黙々と食べていると、複数人の足音や話し声が、ヌーの大移動のように近づいてきた。ランニングチームのメンバーが、ハラレから到着したようだ。

「ハロー、ユウリ！　わたし人生で初めてよ、日本人と話すの!!」

現れたランニングチームの人に自己紹介の暇もなく唐突に抱きしめられ、おそらくわたしは鳩が豆鉄砲を食らったような顔をしていたのだろう。ジゼルさんがケラケラと笑っている。そこか

らチームのメンバー全員にされるがままハグをされ、手を強い力で握られ、

「ウェルカム、アワ、チーム！」

とむせるような熱量にノックアウト状態になった。

「マラソン走るの？　何キロ？」

「42キロです」

「わお、フルマラソン、すごいわ！　わたしたちはハーフと10キロしか出場しないの！」

「わたしだけ42キロ!?」

「ユウリのゴールを見届けるから安心して！」

「明日はゼッケンを……」

「ゼッケンをみんなで受け取りにいくわ。一緒に会場まで行くから安心して！　じゃあ、また明日ね!!」

と告げるや否や、嵐のように去っていったランニングチームのメンバーたち。

チーム名も各々の名前も把握できなかったけれど、どうやら歓迎はしてもらえたみたいだ。タイミングを見計らってデザートのリンゴをサーブしてくれた宿のスタッフが、力強いグッドサインを送ってくれた。

ジンバブエに揉まれて

そこからの2日間、ランニングチーム、Econet Marathon Teamのメンバーには、足を向けて寝られないほどにお世話になった。

チームのメンバーが隣にいてくれたおかげで、何の困難もなくゼッケンを受け取ることができた。帰りのバスでは、ズンバというアフリカの伝統音楽を歌って披露してもらった。バスの中だったから踊りはしなかったけど。

レース前日の夕食は全員でともにし、いろんな話をした。象が通行止めをするのはよくあること、ズンバダンスは楽しいこと、首都のハラレはビクトリアの街よりも栄えていること、子どもが5人いること……。

「ユウリ、わたしの兄さんと結婚してよ！」

「やだ、無理だよ！　ジンバブエ遠いし」

「えー、でもわたしの兄さん、牛3頭もプレゼントできるわよ！」

「やだ、牛いらないよ！」

「ならライオン？　それともヒョウ？」

「そういう問題じゃないんだって！」

ビクトリアの滝マラソンのスタート地点は、人種の坩堝だった。

欧米でのマラソンは、ホノルルマラソンを除くと白人がマジョリティだったが、この地のマラソンでは黒人が大多数だ。けれど白人やアジア人の存在もそこそこ多く、黒人が圧倒的に多いわけではない。聞くと50カ国以上からランナーが集っているようだ。突飛な人間は世界中にありふれているらしい。

ジンバブエの朝は真冬のようで、口からは白い息が漏れ出す。タンクトップから伸びる腕にはぷつぷつと鳥肌が立ち、それを収めるようにランニングチームのメンバーが腕をひたすらさすってくれた。

その寒さをものともせず、スタートライン上では、どこかの国の陽気な白人が、仮面ライダーみたいなポーズをして周囲を盛り上げている。チームのメンバーは、オフィシャルのカメラマンが撮影しているのに気づくと、わたしの腕を放り投げ、カメラの画面にこぞって写りにいった（わたしの腕よりカメラかよ）。

フルマラソンのランナーはスタートラインに並ぶようにアナウンスが流れ、チームのメンバーと別れてスタートラインの側に並んだ。空の色が薄水色と鮮やかな朱色が混じって、まばゆい陽光が少しずつわたしたちを照らし始める。太陽がついに姿を現すその瞬間とスタートのピストル音が重なった。

「ゴー、ユウリ！　ゴー!!」

わたしの名前を呼ぶメンバーの声。ランニングチームの黄色いロゴがプリントされた青いユニフォームを身にまとい、体を揺らして応援してくれる姿に、鳥肌の立つ腕を振った。

国立公園内を走ることもあって、レース中に象がコースを横断するハプニングもあった。でも、それ以外は滞りなかった（象が介入するレースってめったにないけどね）。

このマラソンの見所は、ビクトリアの滝上を走れること。つまり国境線を走れるのだ、パスポートなしで。日本人のわたしは、ザンビアとジンバブエ、ボツワナを何回も出入国できるカザユニビザが取得できたから、それのありがたさをよくわかっていなかった。けれど当時、中国人はそのビザを取得できず国境を越えられなかった。難儀な話だ。

同じ人間なのに、出身国が異なるだけで、行ける場所が限られる。中国の赤い国旗を背中にプリントしたTシャツを着たおじさんが、ビクトリアの滝の写真を夢中になって何枚も撮っていた。もちろん、いろんなランナーが写真を撮っていた。撮っていないのは地元民くらいだ。わたしも例に漏れずシャッターを切ったけど、カメラの技術がなさすぎて、手元にはブレブレの写真しか残っていない。

ビクトリアの滝を眺めたあとは、国立公園やら近くの村やらを走った。なかなかハードな砂利道で、足を動かすたびに砂埃が舞う。シューズは、一瞬で灰色に染まった。

沿道には村の子どもたちが大集合して、ランナーにちょっかいを出していた。スマホで動画を撮っていたら、ここぞとばかりについてきて、大集団になっていた。わたしの腕をつかむ小さな手や無垢な瞳が可愛らしい。

フルマラソン以外にも、ハーフや10キロ、7キロ部門、そっちのほうがジンバブエ人には人気だった。このマラソンで周回コースを初めて経験したけど、2周目には10キロのランナーと鉢合わせして、しばらく一緒に走ったりする。こっちはもう21キロくらい走っているけど、あっちはまだ3キロとかしか走ってないから、元気がまぶしい。

後半になるにつれ気温も急激に上がり、30度くらいまで上昇していた。数時間前までは白い息を吐いていたのに、今は首筋やら頭皮やら至るところから汗が吹き出る。暑さにやられて周囲のランナーもほぼ徒歩で、給水を求めてゾンビみたいに動いていた。

給水はポリ袋に入った水を渡されて、端を噛みちぎってチロチロ飲む。ハムスターが給水タンクにちゅうちゅう吸い付く姿になんとなく似ていた。

ゴールに近づけば近づくほど、車が横を走り抜けては去っていく。道路規制なんて存在しない。山羊を乗せたトラックが横を通り過ぎ、「メェ〜」と細い鳴き声だけが残されて道に響いていた。

道の脇にはすでに10キロやハーフマラソンを走り終えたランナーが帰路についていて、首にメ

4　骨が眠る道を走る

ダルを下げながら明るい笑顔で、「もう少し！」とか「頑張って！」と声をかけてくる。

１００メートルはいつもの倍くらいの距離に感じたし、とにかく暑くて朦朧《もうろう》としながら、応援の声に手を揺らした。荷台で揺られていた山羊みたいにトラックに乗りたい。

42・１９５キロの旅路を踏み終えたわたしを出迎えてくれたのは、ハーフマラソンと10キロのレースをとっくに走り終えたチームのメンバーたちだった。

「お疲れさま、アメージング！　本当に42・１９５キロを走っちゃうんだもん、すごいわ、こんな幼いのに！」

「もう大人だよ」

「そうだけど、でもすごいわ！　アメージング、素晴らしいわ!!」

口々に褒め称えてくれるメンバーに導かれるままに、わたしの到着を待っていてくれたバスに乗り込んだ。参加賞として受け取った生ぬるい水を喉に流し込んで手拭いで顔を拭うと、吹き出た塩で顔がジャリジャリと擦れた。

ゆっくりと走り出したミニバスは、わたしが今日から宿泊する市街地のホテルを目指していた。

マラソンのあとはひどく疲れていること、予約が空いていたこともあり、市街地のホテルに移動することにしたのだ。

「ちなみに、ユウリ、このあと予定は？」

「とくにはないよ」

「オッケー、そしたらザンベジ川クルーズに行くわよ、15時に迎えにくるわ」

iPhoneの時計は14時を示している。時間があまりにもカツカツだった。ツッコミを入れる間もなく、本日の宿泊地に降ろされて瞬く間に白いミニバスは去っていった。本当に15時に来るのだろうか、ＴＩＡって揶揄《やゆ》されるくらいだし、16時くらいにあの車が現れる気がする。いや、そもそも本当に来るのだろうか。

とりあえず、汗やら塩やらに塗れた体をなんとかするためにチェックインを早々にして、シャワーに身をくぐらせた。蛇口からは水しか出なかった。宿のオーナーに聞くと、お湯は存在しないらしい。

「日が昇っている時間に行水したほうがいい、朝晩は寒いから」

そう生活の知恵を授けられた。

裸になって、頭のてっぺんから水をかぶると、体の火照りがだんだんと冷めて筋肉の強張りが解けていった。

水だからか石鹼の泡立ちが悪くて、いつもの倍の量を手にひねりだす。もこもこと膨らんだ泡を体に塗りたくってから、冷たい水で全身を流すと爽快感がみなぎった。

体を拭いて新しい服に着替え、プラスチックの椅子に尻を置いてぼんやりと頭上を見やった。

鳶か鷲かわからないけれど、大きな鳥が青空をぐるぐると旋回している。その旋回に視線を合わせていたら、だんだんと瞼が重くなってきた。

どうせ1時間くらい来ないだろうし、仮眠でもするかと目を閉じて船を漕いでいた矢先、入り口のほうから車のエンジン音がした。

白いミニバスがいた。しかも15時きっかりだった。時間は欲しいときこそ、与えられない。半乾きの髪をそのままに、眉毛だけ描いてからミニバスに飛び乗った。

シャワーを浴びることとしかしなかったので、空っぽの胃がくうくうと鳴る。空腹と眠気で朦朧としていたら、それに気づいたメンバーが見慣れぬハンバーガーショップのハンバーガーを手渡してくれた。あまりの空腹で犬が餌にかじりつくような勢いで頬張っていたら、「ワンダフル」と言われた。この国にいると、なんでも褒めてもらえるから、自己肯定感が上がる。

さて、わたしたちが向かっているザンベジ川クルーズは観光客向けのアクティビティらしい。〝飲み物と軽食をつまみつつ、夕日が沈むザンベジ川を、野生動物とともに楽しみましょう〟。これはＨＩＳのツアー広告の宣伝である。ツアーの写真には、野生のカバやワニ、象の写真が並んでいた。象は走っているときに遭遇したから、もういいかな。

車を降りた先に待っていた船は、広告にあったものよりもちょっとボロくて狭かったし、自由席だから、走って席取り合戦が開催されていた。怒濤の勢いに押され、木の棒みたいに突っ立っ

ていると、

「こっちに来い、席を確保したぞ!」

とメンバーに手で呼ばれた。至れり尽くせりだ。船の前方に陣取られた席から見渡して気づいたことがある。あれ、わたし以外、みんな地元の方?

わたしを除いて、全員が黒人だった。アジア人はおろか、白人の姿すらない。チームのメンバーに尋ねると、この船はジンバブエ人で貸しきったらしい。途方もないアウェイだ。

それでも、〝気楽に行こう〟のハクナマタタ精神なのか、人類皆友達なのか、はたまたマラソンをともに走った仲間意識なのか、わたしはジンバブエ人にもみくちゃにされ、気づいたときには船のフロアの真ん中でダンスしていた。チームのメンバーが撮った動画では、

「ユウリ、ウェルカムトゥジンバブエ!」

とサークルの飲み会の煽りみたいな声がしていた。ビデオの中のわたしは、42・195キロを走って太ももが限界まで張って固まっている状態なのに、スクワットみたいなダンスをさせられて泣きそうになっている(可哀想に)。

クルーズのセールスポイントのカバもワニも見られなかったけれど、わけがわからないままに踊ったりするのは楽しかった。

夕日が沈む頃にパーティーは終わり、船着場へと戻ってきた。チームのメンバーはこれからミ

ニバスでハラレに戻るらしい。運転時間は12時間、タフである。

しかも、夜になればなるほど、象や野生動物が道路に現れるから急がないと、と特有の事情を話していた。そんなまさかと思っていたんだけど、この数日後にわたしが乗った夜行バスに象が激突した。TIAだ。

チームのメンバーと涙の別れかと思いきや、Whatsapp のランニングチームのグループに入れられていたので、別れはあっけらかんとしていた。

ちなみにハラレマラソンの誘いとか、シエラレオネマラソンの誘いとか、現在進行形でメッセージが届く。文明の機器は国境を越えるのだ。

わたしを宿に降ろして、白いミニバスはズンバミュージックを鳴らしながら去っていった。その姿がなくなるまで手を振ろうとしたけど、周囲に街灯がほとんどないせいで、白い車体は闇に溶けてすぐに見えなくなった。


宿に戻るとBBQ用の鉄釜に火が焚かれていて、そこに宿泊者が集っていた。

灼熱の昼間とは大違いで、ダウンを着込んでいる人さえいる。わたしも寒さに耐えきれず、人と人の間に腰を下ろして、キャンプファイヤーのように火を吐く鉄釜を囲んだ。

隣にはアジア系の賢そうなお兄さんが座っていた。首にはわたしも数時間前にいただいたビクトリアの滝マラソンのメダルが輝いていた。しかも、紺色のリボンだから、42・195キロを完走した人だ。ちなみにハーフマラソンだとリボンが赤だ。わかりやすい。

「フルマラソンきつかったね、走っているとき、象のせいで通行止めになったんだけど」

「君も走ったんだね、おめでとう。僕はその場面に遭遇してないけど逆に面白そうだね」

「まあ休憩できたしね、ちなみにどこから？　わたしは日本」

「日本、いいね！　僕はサンフランシスコ、ユナイテッドステイツからだよ」

お兄さんとの話は弾んで、次の日に一緒にビクトリアの滝の国立公園にも行った。お兄さんはサンフランシスコ在住の中国人で、天下のGoogleでアナリストをしていた。1年間でそれぞれの大陸でマラソンを走ることを目標にしていて、アフリカ大陸は初めてとのことだ。

日本においてGoogle勤務者は、超高給取りのスーパーエリートだ。ネットで年収を目にしたときには、経済格差に心がつぶれそうになった。わたしの数年分の給料を1年くらいで稼いでいた。成城石井で買い物しても、財布は痛くもかゆくもないだろう。

ちなみに今回泊まっている宿は、アパホテルよりも安い。だってドミトリーしかないし、部屋は4人部屋で、シャワーは共同だ。さらに安く済ませたい猛者は、外にテントを張って寝ている。柵のないところで寝ると野生動物の餌食になるらしい。Wi-Fiは有料、12時間で12ドルかかる。

彼の年収を真っ直ぐ聞いたわけではないんだけど、確実にもっといいところに泊まれるはずだ。

Facebookのアカウントを交換したら、勤務地はやっぱりGoogleだった。

「なんでドミトリーに泊まってんの？　もっと泊まるところありそう」

「うーん、それでもドミトリーっていろんな国の人と交流できるし、出会いはお金では買えないからね」

目の前でマスターカードのCMが放映されている気がした。金持ちの考えが一周するとこの考えになるんだろうか。お湯が使える、きれいなベッドで寝るよりも、知らない人と過ごす共同生活のほうが価値があるのだろうか。

そのときのわたしは、「お湯が使えるほうが絶対にいいと思うなあ」と返答したんだけど、そこから5年以上が過ぎた今、彼の言わんとすることもちょっとわかるようになった。普段出会わない人と会うためには、自分が動かないといけない。しかも、本来なら出会わないはずの人と会うと、知らなかったことを知ることができて、自分の生きている世界が少しずつ広がっていく。

彼とは、この半年後にサンフランシスコで再会し、彼のアパートで1泊させてもらったりすることになった。なぜか中島美嘉にハマっていて、「雪の華」を熱唱した夜は忘れない。

お金で安全を買うという言葉の対極にある行動だけれども、その行動が点と点を結んだようにつながることがある。そのつながった瞬間はなかなか刺激的で癖になるのだ。

まさかのケニアで高地トレーニング

モンサンミッシェルマラソンを皮切りに、２０１８年は９つのマラソンを出走した。ロシアで開催されたサッカーのワールドカップの観戦ついでに、サンクトペテルブルクでマラソンしたり、ブラジルのイグアスの滝で地元民しか走らないマラソン大会に出場したりして、なぜかトロフィーと賞金も獲得した。

キューバでは到着初日に携帯をなくして生死の危機を迎えるが、容量が８ＧＢしかない鉄屑みたいな携帯をつかまされ、それを頼りながらハバナマラソンを走った。

ハリウッド俳優のウィル・スミスがなぜか出場していて、ウィルより速くゴールしたことは今でも自慢だ。そのあとは、ジャマイカでレゲエマラソンなんて走ったりして日本に帰国した。その反動のせいか、年の瀬は故郷の愛知で過ごした。

きっかけは Twitter（現 X）の呟きだ。

「2月くらいにケニアの高地トレーニングに見学に行けそうなんだけど、アフリカは心細い……誰か一緒に行ける人いませんかね？」

閲覧専用だった Twitter のタイムラインにそんなツイートが流れてきた。なかなかに興味深いツイートだった。

東京マラソンにエントリーしたものの抽選で弾かれ、その腹いせに同日開催のキリマンジャロマラソンにエントリーしたのは、ブラジルから帰国してすぐの頃。キリマンジャロマラソンは3月初旬開催、しかもタンザニアとケニアは近いから隣の県のように気軽に行けるはずだ。

「初めまして。3月にキリマンジャロマラソンを走る者です！　その付近アフリカ行けますけど」

人生で初めてTwitterのDM（ダイレクトメール）をした。結構ドキドキする。

返事は予想よりも早く、すぐに手元にやってきて、あれよあれよと話が進み、秋の終わりに東京・渋谷で対面することになった。世はSNS時代、インターネットで知り合った人と会うなんて、割と日常茶飯事である。祖母に伝えたら、「危ねえからやめんさい」と叱られるけど。

冬の気配が近づく渋谷のドトールは、暖房の熱気と人の湿気でじっとりしている。店内にはくたびれたスーツのサラリーマンもいるし、その爪でどう生活しているのか疑問を呈するギャルも共存していた。

「今到着しました～どこいます？」

「僕も到着しました。店の前あたりにいます」

マッチングアプリの顔合わせみたいなメッセージを何通かやりとりして、ようやく対面した相手は、想像どおりの同い年くらいの男の子だった。苗字を松本と言った。

DMでもケニアに行く経緯を伝えてもらったけど、すっかり忘れてしまったので、対面でその経緯を詳しく聞いた。

彼はフルマラソンを3時間くらいで走る、足の速いランナーらしい。3時間で42・195キロを走るって1キロ4分くらい？　と計算したけど、その速さはイマイチ想像がつかない。そんな彼の知り合いには、年始の風物詩である箱根駅伝で、〝山の神〟の名称で一世を風靡《ふうび》した神野大地選手のマネージャーがいる。そのマネージャーが、

「ケニアのイテンで神野の合宿やるけど、見学しにくる？」

と申し出てくれたのが、彼がケニアに飛ばんとする理由らしかった。神野大地選手はおろか、箱根駅伝もほぼ目にしたことのないわたしは、その場で焦って検索をかけた。神野選手の足はとても細くて、モデルみたいだった。羨ましい。

「それでも、アフリカって僕行ったことなくて。さらにそれがひとりってなると不安で」

すでにアフリカ大陸の何カ国かに渡航して、乗っていたバスに象が突進してきた身からすると、「心配ないよ！」と笑い返したくなるが、松本君の反応が一般的なのだろう。アフリカ大陸行く人、あんまりいないよね。

「そうだよねー（棒読み）、大丈夫、わたしすでに渡航済みだし。このスケジュールなら、ケニ

アで合流して、解散とかでもよければ、ぜひご一緒しましょう〜」

「本当ですか、心強いです！」

ケニアとタンザニアは近いし、っていうノリだった。LINEを交換して、TwitterのDMでのやりとりを卒業し、その日は解散した。

ケニアのイテンなんて、日々の生活で耳にしたこともない。どこよ、それ。わからなかったので、たびたびお世話になるGoogle Map先生の上で放浪することにした。広大なアフリカ大陸に指先を置き、ケニアのナイロビを人差し指と中指で目指す。ナイロビから斜め左上5センチくらいに、イテンの街はあった。Google先生でも検索をすると、現れる写真は走っている人間の写真ばかりだった。

WELCOME TO ITEN HOME OF CHAMPIONSの白文字が掲げられた門の写真も何枚かある。さらに調べてみると、足の速いアフリカ人の選手は、だいたいこの地の出身だから、ランナーにとってイテンは聖地らしい。ランナー界の聖地巡礼か。

検索して2カ月くらいが過ぎた頃、「高木さんがお勧めしてくれたんですけど」と松本君からLINEが届いた。高木さんは神野選手のマネージャーの名前だった。

ケニアのイテンは観光地ではないから、宿の数も充実してないらしい。送られた宿のＵＲＬをタップすると、HIGH ALTITUDE TRAINING CENTERの文字が現れた。日本語訳で、高地トレーニングセンター。わたしはオリンピック選手でも目指すんだろうか。

宿泊先が限られているから、急いで宿に問い合わせのメールを送った。ケニアの宿だし最低1週間はかかると予想していた返信は、なんと次の日の夜に受信ボックスに届いていた。TIAと騒いでいたアフリカ大陸での日々が嘘のようだ。

4泊5日で、ふたりで406ユーロとの案内に、オッケー、それで予約して、と送り返す。当時は1ユーロが130円ほどだった。1ユーロ160円を超える今、この頃に戻りたくてたまらない。そんなこんなで、宿泊先を確保したあとは、渡航までの日々を緩やかに過ごすだけだった。

イテンの標高は2200メートルくらいあるらしい。最寄りの空港まで迎えにきてくれたホテルのドライバーが教えてくれた。2200メートルなんて息が苦しくなりそうなんだけど、意外と平気だった。

赤っぽい土で覆われた凸凹道を数十分ドライブすると、Googleの写真にあった例の門があって、松本君が興奮して写真を撮っていた。まさしく聖地巡礼である。

高木さんと神野選手には到着した日に対面した。イテンに長期で滞在しているからか、しっかり日焼けした肌が浅黒く光っていて、なんだかまぶしい。

イテンでの滞在は極めて快適だった。なぜか参加することになった練習会はハードすぎて途中で置いてけぼりになり、放浪する牛と並走したりしていたけど、お湯も使えるし、トイレも水洗だった。宿泊している人も、ロンドンオリンピックに出場したことがあるエジプト人やら、ボストンマラソンを2時間45分で走るアメリカ人やら、東京で生きていたら一生交わることのない層で盛りだくさんだったけど、シューズやレースの話題ではなく、漫画「ＮＡＲＵＴＯ」の話に1時間以上を費やした。エジプト人に紙で手裏剣を折って渡したら、大切そうに胸に抱いていた。わたしは足は遅いけど、折り紙は得意だ。

高地トレーニングセンターで誕生日を迎えて、日本食が恋しいとむせび泣くわたしに、高木さんはお雑煮をつくってくれた。神野選手もわさび醤油の味のするトマトアボカド丼の残りをくれた。自分の食べ物を快く他人に分け与えられる人間になる、がわたしの生涯目標なので、それをなんなくこなす高木さんと神野選手には、生涯足を向けて寝られない。

松本君はイテンに到着してからしばらくして体調を崩した。高山病と食あたりの混合型にやられたみたいで、寝込んでいる姿はひどく苦しそうだった。病に伏せた松本君の代打でイテンのランナーが集う練習会を見学することになったんだけど、足が速すぎてあっという間に終了した。同じ人間なのに、どうしてこんなにも違うんだろう。そんな感想しか浮かばなかった。

おそらく根っからのランナーが同じ期間滞在したら、相当の分厚さの文章ができあがるのかもと思うが、速く走ること自体に興味のない人間に執筆させると、薄っぺらい文章しか綴れなかった。松本君、ごめんなさい、君が練習会を見学すれば、もっと後世のためになったに違いないね。

忘れられないノエルさんの言葉

イテンでの滞在のあと、松本君と別れてルワンダに飛んだ。キリマンジャロマラソンまでの〝箸休め〟のマラソンを探していたら、ルワンダのマラソンがヒットしたからだ。

ルワンダチャレンジマラソン。ルワマガナの街で開催されるらしい。ルワマガナってルワンダの国名に語呂が似てるから、首都だろうと勘違いしていた。首都がキガリなのに気づいたのは、ルワンダに飛ぶ前日だった。

着陸する予定のキガリ空港から、ルワマガナまでは50キロほどの距離があった。ナイロビの空港で不安になってルワマガナでGoogle検索をかけても、目ぼしい情報は何もヒットしなくて、さらに不安で震える。

とりあえず小学6年生の頃、千葉から名古屋まで家出した記憶にふけった。小学6年生でひとりで新幹線も名鉄（名古屋鉄道）も乗れたから、26歳のわたしはもっとパワーアップしているはず。図太い精神も兼ね備え、飛行機の窓なんか覗かないで爆睡した。

キガリ空港は成田空港の第3ターミナルよりも小さかった。ルワンダに入国するにはビザが必要だった。ビクトリアの滝の空港みたいに2時間くらい待たされるんだろ、こちらは〝TIA〟の精神を兼ね備えているから任せとけ、と余裕の心構えをしていたけど、ビザの発行まで5分もかからなかった。

青い小さなスタンプにＶＩＳＡの文字、その上にボールペンでミミズが這ったような字で日付が書いてある。このスタンプと引き換えに50ドルが回収された（歯がゆい）。

空港から退散して、駐車場にひっそりとたたずむモバイルショップでＳＩＭカードを買った。エアコンが動いてるのか死んでいるのかわからない室内では、白い蛍光灯の側で蠅がぶんぶん飛んでいる。生ぬるい風が首に触れると、よけいに汗が吹き出た。

隣の椅子に座っているお兄さんに「暑いね」と挨拶すると、「そうだね」と返され、会話が終わった。

「ネクスト！」

と呼ばれて、ＳＩＭカードを挿入して設定までしてもらった。10ドルで15ＧＢくらい使える。価格破壊だ。

会計待ちで携帯をいじっていると、さっきのお兄さんが隣に座った。

「どこから来たの？」

「日本だよ」

「えっ、日本？　あの日本？」

どの日本だよと思いながら、Google Mapでわれらが島国を拡大した。お兄さんはそれとわたしを見比べて、握手を求めてきた。遠い国から来訪しただけで握手してもらえるなんて、やっぱりアフリカ大陸は自己肯定感を高めてくれる。

「このあと、どこに行くの？」

「ルワマガナまで行かないといけないんだけど、どうやって行けばいいかわからないから、とりあえずキガリの中心地まで行って、バスターミナル探そうとしてるの」

「それなら送ってあげるよ！」

このお兄さんはタクシードライバーか、ナイスタイミングだ。空港にはローカルバスもなさそうだし、空港のＡＴＭのおかげで資金は潤沢だった。

お兄さんの携帯はiPhone X、最新型だった。日本では過半数のシェア率を誇るiPhoneだけどアフリカでは高級品だ。携帯はその人の経済状況のひとつの目安になる。お兄さんはそれに加えて服もこぎれいだし、靴も磨かれていた。

キガリの市内までのタクシーの相場は日本円で１５００円くらいと耳にしていたので、その値で交渉すればいいと考えながら、お兄さんがエンジンをかける車に乗り込んだ。車内では何語かもわからないラジオが流れている。車が動くと、窓に止まっていたカナブンみたいな緑色の虫がブゥンとどこかに飛んでいった。

4　骨が眠る道を走る

おかしい、と異変を感じたのは、車を走らせて20分過ぎた頃だ。空港からキガリの市内までは20分ほどで到着するはずなのに、窓の外には農村地帯が広がっている。手に嫌な感じの汗が湧いてきた。話の途中で愛想笑いをしながらGoogle MapのGPSを確認すると、キガリの市内からだんだん遠ざかっている。

これ、詰んでない？　保険に入っていたことが脳裏をかすめた。実家の父が、

「保険は加入してください。いざとなったら死体が残るように死んでください。そうではないと保険金がおりません」

と送ってきたLINE。薄情さを感じながら読み飛ばしていたが、その危機が近づいてる気がする。殺されそうになったら、死体はわかりやすいところに置いてください、って英語でなんて頼めばいいんだっけ。「プリーズ、プット、マイデッドボディ、アット、ポピュラープレイス」とかで通じるのか？　いや、そんなことよりも生きる努力をしなければ。おびえを悟られないように、

「これキガリの市内に向かってなくない？　どこに向かってるの？」

と言うと、お兄さんは、

「ルワマガナだよ」

となにも問題はないかのように返してきた。

絶句した。とりあえず生死の境は免れたみたいだけど、今度は財布の問題が勃発だ。20分の距離で1500円くらいだし、遠方料金は〝万札〟が飛ぶかもしれない。

「キガリ市内って言ったよ！」

「いいよ、時間あるしルワマガナまで乗せてくよ」

「ちがーう！　お金ないんだって、金が!!」

必死にノーマネーと叫んで今にも暴れ出しそうなわたしを、お兄さんは必死に諌めた。

「お金なんていいよ、日本からわざわざ来てくれたんだ。それに僕、タクシードライバーじゃないよ」

なんだって。言葉を失った。それをタイミングにして、お兄さんはこう続けた。

「ドバイからの出張の帰りだったんだ。家に帰ろうと思ってたんだけど、君が困ってたからさ。それにキガリのバスターミナルなんて、バスがくるかどうかわからないし、日本から遠路はるばるやってきて、そんなところで危険な目に遭わなくてもいいだろ」

それに、僕、お金はたくさん持ってるから、とお兄さんがわたしの席の前のグローブボックスを引っ張ると、札束がいくつも並んでた。イタズラっぽくお兄さんは笑って、運転を続けた。わたしはその札束のひとつを分けてほしくなった。

一波乱を勝手に起こしたものの、そこからの車内は極めて順調だった。草むらで自由に眠る牛のように警戒心を緩めまくったわたしに気づいたのか、お兄さんも口数が増えた。お兄さんの名前はノエルさん。ルワンダで会社の社長さんをしているらしい。ドバイやエジプト、ドイツやらへ出張によく行くけれど、日本との仕事はないみたいだ。

「日本からルワンダには直行便はあるの？」

「ないよ、ドバイかアディスアベバで乗り換えするしかない」

「そんな長い間飛行機に乗ってたら、足が死んでしまうよ」

ノエルさんは長い足を伸ばしてタンタンと車の床を叩いた。身長はそこまで変わらないはずなのに腰の位置がわたしの掌ひとつ分高くて、乗り越えられない人種の壁を感じる。

「ルワンダは日本では有名？」

「うーん、あんまり聞いたことないかも。でも高校の授業で習うかも」

「ルワンダの虐殺」で、と言葉を続けた当時のわたしを、デリカシーのかけらもないと罵り倒してほしい。ルワンダの虐殺は1994年、わたしが生まれた年に起こった。フツ族によるツチ族の虐殺は、制圧されるまでのおよそ100日間で100万人近くの犠牲者を生んだ。

つまり、わたしよりも年上のノエルさんは虐殺を生き延びたひとりだ。

「僕は6歳だったんだ」

ノエルさんは、声を荒らげることも、興奮することもなく、とりとめのない話題を伝えるように言葉を続けた。

「隣の人も、おばさんもおじさんも全員死んだよ。母さんと妹と僕は教会で神に祈った。そうしたら生き延びられたんだ」

「そうなんだ」

「ルワンダの全土で起こったことだからね、この道だって掘れば人の骨が見つかるはずだよ」

コンクリートで美しく舗装された道を滑らかに車は走る。沿道にはリゾート地で目にするような、南国の雰囲気が漂う木々が植えられていて、柔らかな風が青々と茂った葉を震わせていた。この道も石を割って掘り続ければ、人の骨が顔を覗かせるのだろうか。

「それでも、僕らは生きていかないといけないんだ。」

アクセルを踏みながら、前を向きながら、それでもどこか遠いところを見ている目をして、ノエルさんは言った。

「生きるのに必死だから、読み書きができない人だってたくさんいる。けれどようやく立ち直ろうとして、この国は歩き始めたんだ。この国は平和も秩序もなくなってしまったことがある。今も日本や欧米に比べたら何もない。だけど、君が日本からわざわざこの国に走りにきてくれた事実がとても嬉しい。それが僕らに勇気をくれる。ありがとう」

虐殺の話になって、ノエルさんは初めてわたしに顔を向けた。愛嬌のある、とても美しい笑顔だった。

わたしをルワマガナまで送り届けて、ノエルさんは自宅に戻っていった。

マラソンの次の日、ルワンダを発つ日にも迎えにくるから連絡して、とWhatsAppのアカウントを残して、また数十キロの道のりを車で走っていった。

悲劇の地で未来を走る

キガリを東京にたとえると、ルワマガナは、地方の辺鄙《へんぴ》な村のようだった。

街全体に水道も通っておらず、お湯が使えるのは限られた場所だけらしい。街の唯一のホテルでもある宿泊先は、少量だけどお湯のシャワーが使えた。ありがたい。

ちょろちょろと流れるぬるま湯で髪を湿らせ、ノエルさんの言葉を頭で反芻させた。

「道に骨が埋まっている」「わざわざ走りにきてくれてありがとう」

胸がたとえようのない違和感で充満して叫びたくなり、声の代わりに情けないため息が口からこぼれた。

今まで海外のレースを走ることは、楽しいことがほとんどだった。そもそも楽しいからスタートしたことだ。だけど、人の骨が埋まっている道を、わたしは走るんだ。

「どんな気持ちで走ればいいの」

誰に向けた言葉でもないつぶやきは、部屋の天井に当たって消えた。

そのつぶやきへの答えはわからないまま、わたしは無数の骨が眠る道を走った。

ホテルからスタート地点までは、道案内がなくてもわかった。Tシャツと短パンの地元の人が、ウォーミングアップがてら走って同じ方向に向かっていたからだ。考えもなしに人についていくのは良くないというけれど、ペンギンのように従うことにした。

スタート地点はわたしのハートの中身とは打って変わってお祭り騒ぎで、どこにあったのかというほどの大きさのコンポから流れる音楽に身を委ねて、たくさんの人が踊っていた。幼稚園くらいの子どもも、大人顔負けの踊りを披露している。あんな腰の動き、26歳の凝り固まった腰では無理だ。

スタートラインにかかるはずのバルーントンネルは、機械の不調なのか膨らんではしぼんでを何度も繰り返し、最後にはあきらめられたように芝の上にしぼんだ状態で伸びていた。運営のスタッフも機械を放り出して、携帯をいじったり談笑したりしている。

ここにいるほとんどのランナーは7キロのレースの参加者だ。その次に多いのがハーフマラソン、そしてもっとも参加者が少ないのはフルマラソンだ。

フルマラソンの参加者は15人、もはや数えきれる。だからなのかスタートの号砲も雑で、コンポからの大音量のミュージックと号砲が重なったせいで誰も気づかず、もう一度号砲を撃つことになった。

スタートしてしばらくは舗装された道路を走っていたけれど、10キロを過ぎると酸化した鉄の色味をした赤土の道になった。舗装もされていない凸凹の道と足の裏が擦れる。建物も少なくなり、石でつくられた壁にベニヤ板を載せたような家々が増えてくる。水道も電気も通っているかわからないような家だ。家々の間から立ち昇る煙に目を向けると、教科書で学んだ焼畑が行われていた。

この地の人にとってアジア人はさぞかし物珍しいのだろう。大人、とくに女の人は奇異の目でわたしを見つめる。得体の知れない生き物を眺めるように、その目をわたしの体にじっとりと這わせる。大人の陰に隠れた子どもも顔を覗かせるが、その目に抱いている感情は興味の割合のほうが勝るようだった。

途中でふたりの子どもが近づいてきて、並走してくれた。ちょうどiPhoneで動画を撮っている最中だったから、ふたりにもレンズを向けた。走りながら笑顔でレンズに手を振ってくれた。どの世界でも、やはり子どもは愛くるしい。

そのふたりも途中でいなくなり、だんだんと人が少なくなって、ひたすらひとりで道を踏みしめる時間がきた。日本では目にしない深い緑の葉をつけた木々がひたすらに続いて、遠いところで煙がくすぶっていた。

今、骨を踏んでるのかな？

何かを踏んだときは、一瞬身がすくむ。罪悪感なのだろうか、とくに悪いことをしたつもりではないのに、誰かに叱られたような気持ちになる。足を離して、踏んだそれが石か木の枝であることにほっとする。走っていて、体ではなくて心が苦しくなるのは初めてだった。

それでもレースは続くし、ゴールを踏むまでは終わらない。

奇異の目で見ていた人も、折り返し地点を経て同じ道を戻ってくると、手を叩いて応援してくれるようになった。

「頑張れ」とはにかみながら応援してくれる人、グッジョブのマークを向けてくれる人、人種は違えども、どんなにつらいことがあった国でも、汗を流して頑張っている人にエールを送るのは万国共通のようだ。

それでもゴール直前で転倒し、なんとかゴールしたあとに救護室に運ばれた半泣きのわたしを、現地の子どもたちが輪になって珍獣を眺める目で見ていたことは、一生忘れないだろう。その目がだんだんと変わって、最後には笑顔で一緒に写真を撮ってくれたことも、決して忘れない。

赤土の凹凸で擦れたせいか、足の裏の大きな水ぶくれが破けて肉を覗かせていた。それはしばらく風呂に入るたびにひどく沁みて、沁みるたびに走った道をわたしの脳裏に深く刻ませた。

ノエルさんはレースの次の日に本当に迎えにきて、わたしを空港まで送ってくれた。途中で、「美味しいんだよ」と顔馴染みのレストランに入ってランチをご馳走してくれた。大きなタコスには生野菜やら肉やらがこんもりと山をつくって、その下にはアボカドのペーストが均一に塗られている。美味しかった。

空港に到着して、車寄せの部分でわたしたちはハグをした。

「グッドラック、ユウリ。君に会えて本当に嬉しいよ、いつかビジネスで日本に行けるように頑張る」

「うん、わたしもまたルワンダに来るね、キガリマラソン走るよ」

ノエルさんの車がどこかに行くまで、わたしはその車体をずっと目で追っていた。

第5章

*

南米大陸の走り方

南米のトリセツ

南米は広い。日本語にすると2文字だけど、ここに12カ国がひしめきあっている。

わが島国からの直行便はなく、到着するまでに費やす時間は最低でも20時間前後。おまけに英語はほとんど通じない。郷に入れば郷に従え、南米にいるならスペイン語を話せということだろう。英語教育の敗北を感じる大陸だ。

けれど、わたしは南米が好きだ。

まず、人が優しい。困っていると助けてくれるし、初対面なのに仲良くしてくれる。欧米よりも環境が整備されていないから、人のつながりで足りないところを補っているのかもしれない。大抵のトラブルはなんとかなる。ビザ発行に2日かかるところを、1日でやってくれたりもするし、飛行機が飛ばなくて死にそうになっても、代理便に乗せてくれる。

その次に、食べ物が美味しい。美食を誇る日本出身のわたしは、世界視点で計ると食の基準にはうるさい。ケニアのイテンでは、ウガリと呼ばれるとうもろこしの粉を練って蒸したのと、味のしない肉と野菜を食べ続けたせいで病んだ。ラーメンの写真を目の前に置いてウガリを食べていたら、「ユウリ、君は心の病気だから病院に行こう」とエジプト人に説かれた。

南米には米があったたし、魚もいたし、肉もあった。ペルーで食べた魚介のマリネ、セビーチェは200くらい円なのに、日本のお刺身みたいに美味しかったし、ボリビアの屋台で食べたアルパカの肉も、鶏肉と豚肉の中間みたいだった。ブラジルのサンパウロにある博多一幸舎には大変お世話になりました。

食べ物にかなり比重があるけれど、とにかくわたしは南米が好きだ。韓国とか台湾のようにノリで飛べる距離ならいいのだけれど、ドバイかニューヨーク、もしくはメキシコでの乗り換えを必須とするし、航空券も往復で20万円は見積もったほうがいい。費用と時間の両面からも、行くにはなんともコスパの悪い大陸であることか。

それでも、わたしは南米が好きだから行くことにしたのだ。もちろん、南米を何度も往復するほどの潤沢な資金はない。一発逆転を狙う年末ジャンボは敗戦を続ける一方だ（早く楽して富豪になりたい！）。

なので、行くならばまとめて3カ月くらい滞在することにした。

ひとつの大陸にここまで長期で留まるのは初めてのことだ。とりあえず醬油とポン酢、フリーズドライの味噌汁、あとカレールーをバックパックに詰めた。ホームシックにならない秘訣は、ケニアのイテンで強く学んだ。最近は柚子胡椒も持ち歩いている。これを蒸した豚肉や鶏肉につけるだけで、そこは日本になる。簡易版帰国だ。

３カ月もあると、そのぶんマラソンへの出場も増える。

日程と擦り合わせて、そこに合うレースにエントリーをする作業を延々と続けた。大きいレースであればあるほど、エントリーはしやすい。アルゼンチンのブエノスアイレスマラソン、チリのパタゴニアマラソンはすぐにエントリーが完了した。

ここまでは英語でかたがつく。ここから英語ではなくて、スペイン語で検索をすると中規模程度のマラソンがポツポツ現れる。パラグアイのアスンシオンマラソン、ボゴタのハーフマラソンはここでエントリーが完了した。

強敵はここからだ。次にポルトガル語検索をかけると、ブラジルのマラソンがポツポツ姿を現した。南米において、ブラジルだけポルトガル語を公用語としている。スペイン語でも現れない隠しキャラだ。しかも、発見したはいいけども、エントリーするには納税者番号、通称ＣＰＦの入力が求められる。

「そんなんブラジル人しか無理じゃん！」

と思いきや、五反田の在東京ブラジル総領事館に行けば無料で発行してくれる。

ちなみに、当時はこの番号がなければブラジルでＳＩＭカードも使えなかった。今はｅＳＩＭの登場によって、インターネットへのアクセスは楽になったようだけれど、これがないと健康で文化的な最低限度の生活を送れなくなるかもしれないので取得をお勧めする。

仮に、何らかの理由でエントリーができなくてもあきらめてはいけない。日を変えてアタックすればなぜか登録できたりする（運営にメールを送っても返事はないから、とにかく何回も送れ）。そして、ローカルすぎる大会もなかなかの鬼門だ。ウルグアイとアルゼンチンの国境の街、サルトで開催されるレースがあったからエントリーしたが、支払いが銀行振り込みかコンビニ支払いのみ。コンビニといってもファミリーマートで支払えるわけではなく、アルゼンチン国内にあるコンビニでLapi Pago支払いをしないといけない。

結局、支払い期限当日にコンビニに滑り込み、スタッフを巻き込んでトライアンドエラーを繰り返して支払いをした。無数のアルゼンチン人に助けてもらった。ありがとう。

エントリーだけでかなりの体力を削られたけど、なんとか6つのレースへのエントリーを完了させ、バックパックをぎゅうぎゅうにしてメキシコに飛んだ。

ANAがメキシコまでの直行便を飛ばしてくれていて、ここぞとばかりマイルの特典航空券を発券した（当時の燃油サーチャージは往復で3万円ほど、やっぱりこの時代の物価に戻りたい）。メキシコでは、モンサンミッシェルマラソンのついでに寄ったパリの宿で出会ったメキシコガールのマリちゃんの家に転がり込んだ。

Instagramのおかげで、わたしたちの友情は1年以上経ってもキープされている。

観光名所として無難なティオティワカン遺跡に行って、マリちゃんのお友達のリカルドとボウリングをしたり、シックスフラッグと呼ばれるテーマパークでも遊んだりした。ジェットコースターがたまに脱線するらしい（死ななくてよかった）。

数日して、メキシコからコロンビアのボゴタに飛んだ。マリちゃんは、

「南米大陸は危険だから気をつけて！」

と携帯をぎゅっと握りしめて険しい顔で言った。日本人からすると、メキシコの治安も南米といっしょくたに危険とされているけど、そのなかでもランクがあるらしい。

そこから2カ月もの間、南米にいた。結論から述べると、住める。湯船に浸かるみたいに居心地も良く、気を抜けば沈没してしまいそうになる。そんな幸福の日々を過ごした。

コロンビアのボゴタハーフマラソンを走ってから、コロンビアとブラジルの国境から、アマゾン川を船で流れてブラジルに入った。

リオデジャネイロハーフマラソンを走って、サンパウロでは1年前にイグアスの滝で知り合ったおじいちゃんとおばあちゃんの家に数日間、泊まったあと、パラグアイまでバスで18時間の旅をした。

パラグアイでは宿泊したAirbnbのトラブルに揉まれながらも、なんとかアスンシオンマラソンを完走。チリのサンチアゴに飛んでからパタゴニアに入り、パタゴニアマラソンを走って、氷河を眺めてから、ブエノスアイレスに飛んだ。

毛糸玉のように密度の濃い時間。いろんな人の優しさに助けられた。すべてのエピソードを紹介するとなると、本の分厚さが『広辞苑』（岩波書店）並みになってしまう気がするので、いくつかの心に残った話をつぶやきたい。

ラテン圏の洗礼

「暑くない？　この気温、何？」

一瞬、誰に話しかけているのかわからず周りを見回したが、わたしに話しかけているみたいだった。目の前のまったく知らないおじさんが和やかに額の汗を拭っている。ボゴタハーフマラソン、絶賛爆走中の給水地点だ。

標高2600メートルを誇るボゴタで走るのを舐めていた。2月にイテンで高地トレーニングもしたし、キリマンジャロも登ったし、余裕でしょと、とくに対策もしていなかった。そのせいか走るたびに、肺が縄で締め付けられているように苦しくなる。口内は血と水を混ぜたような鉄の味がする。唾液がいつもよりねばついて苛立つ。

ハーフマラソンしか存在しなくてよかった。フルマラソンなら死んでいる。おそらく死者が出ることを危惧してのハーフマラソンのみの開催な気もする。

そんな状況だから、給水ポイントは砂漠のオアシスみたいだった。わたしはオアシスに群がる動物のひとりだ。周りのランナーたちも負けじと水を得るために次々に手を伸ばす。周りの南米ランナーの圧に負けて、わたしは泣く泣く後ろに並んで人が減るのを待った。

「あ、暑いね。水、飲みたい」

脱水気味の頭を高速で回転させて、つたないスペイン語を繰り出す。それがよくなかった。

おじさんはわたしがスペイン語を理解できると勘違いして、機関銃のように怒濤のスペイン語を、わたしに撃ち込んできた（すいません、わたしの母国語は日本語です。スペイン語はわかりません）。

なんとなく相槌を打ってヘラヘラしながら、ようやく目の前にやってきた水を飲んで喉を鳴らした。美味しい水、５００円で売っていても買ってしまいそう。おじさんも美味しそうに水を飲んでいた。人類皆同じ、喉が乾いたときの水分は美味しいのだ。

「あー美味しい！　続きも頑張ろうね!!」

チャオ、と手を振って、おじさんは去っていった。わたしもその勢いに押されて手を振り返した。

レース中に知らない人に話しかける文化圏の人間でもなかったし、欧米のレースではあんまり起こらないことだったので呆気に取られていたけど、よくよく眺めると周りのランナーはほとんどがぺちゃくちゃお喋りしながら走っている。

わたしの前を走るおじさんが、エナジージェルを飲んでいた。すると横のおじさんが話しかけて、そのエナジージェルを受け取って飲んで、また隣のおじさんに移動させた。

エナジージェルを飲んだおじさんから、バラバラに解けていくから、たぶん他人同士なんだと推測する。

見知らぬもの同士のおじさんたちがエナジージェルを回し飲みって、ラテン圏外の島国の娘からしたら少々刺激が強かった。

隣の人に肩を叩かれて振り向くと、封の切られたエナジージェルを持ったおばさんがいたが、丁重にお断りした。ラテン圏に馴染むのには、もうちょっと時間がかかりそうだ。

捨てる神あれば拾う神あり

「え、タンクトップは？」

「付いてないプランだからないよ」

リオデジャネイロハーフマラソンのエキスポで惚けるわたしと、あっけらかんとしたスタッフ。周りのランナーの袋にはしっかりと入っているオレンジ色のタンクトップがなかったから、欲しいと頼むと予想外の答えが返ってきた。付いてないプランとかわかんないよ、だって全部ポルトガル語だったから。ここに辿り着いただけでも大健闘だ。

〝隣の芝は青い〟という諺どおり、ほとんどのランナーの袋にいるオレンジの姿が蠱惑《こわく》的に映る。欲しい、たいして可愛いわけじゃないけど欲しい。やっぱり苦労してエントリーしたから記念に欲しい、とにかく欲しい。

「タンクトップ、欲しいんだけど」

「20レアル追加で払えばオッケーだよ、けど17時まで待って」

指定時刻は17時、今の時刻は13時だ。え、タンクトップの販売ってそんなに時間かかる？　このあとはイパネマビーチでバカンスするつもりだ。許してくれ。

つたなすぎるポルトガル語で意思疎通を試みるも、あえなく惨敗。せめてスペイン語で話してほしい。悲惨な顔だったのか、半べそでたたずむわたしのほうへひとりのカメラマンが近づいてきた（惨めな姿をおさめるってか）。

「日本人？　日本語話せる？」

耳を疑った。まさかの日本語。カメラマンは日系3世で、日系ブラジル人ではなさそうなアジア人が悲惨な顔をしているから、一か八かで話しかけてくれたらしい。ありがとうございます。

「タンクトップが欲しいんだけど、17時まで待てって言われて」

「17時!?　それは困るね、ちょっと待ってて」

カメラマンはわたしがさっき押し問答していたスタッフにネゴってくれた。すると、ものの1分でかたはついた。

「20レアル払えば、すぐに渡してくれるって！」

なんということでしょう、持つべき友は日本語の話せるブラジル人なのかも。

「17時まで待て」と言い捨てたスタッフが、こっちにグッジョブサインをしていた。いや、最初からすぐに渡してよ。

ブラジルのおばあちゃんの塩にぎり

8月22日18時半、パラグアイのアスンシオン行きのバスの中。

サンパウロからアスンシオンまでは18時間ほどかかる。バスが出発したのは18時、夜行バスの長い旅は始まったばかりだ。それなのに、すでになんとなく小腹が空いた。どうしようかと少し迷って、座席の下に置いていたビニール袋を持ち上げる。

中身はふたつのフードパック、それにサンドイッチの入った小包。おばあちゃんとおじいちゃんがつくってくれたお弁当だ。

上のフードパックを膝に置いて蓋をあけると、きれいな形をしたおにぎりが5つ、これまたきれいに並んでいた。

「ユウリちゃん、おにぎり好きねえ」

そう言って笑うおばあちゃんの顔が頭をよぎる。ぱくり、一口おにぎりを頬張る。ほんのりする塩味が美味しかった。

おじいちゃんとおばあちゃんと出会ったのはちょうど1年前、イグアスの滝マラソンに出場したときのこと。途中からまるで台風のような豪雨に見舞われたこの大会。完走したわたしを待ち受けていたのは、公園の入り口に帰るためのバスを待つ、長い長い列と猛烈な寒さだった。

雨と汗で濡れ鼠になった体をさすっていたわたしは、それはもう唇が真っ青になるほどに凍えていたらしい（おばあちゃんが言っていた）。

「あなた、日本から来たの？　大丈夫？」

震えるわたしを見るに見かねて、おばあちゃんがレインコートを被せてくれたのが、わたしたちの関係の始まりだった。おばあちゃんとおじいちゃんは日系ブラジル人。だから日本語が少し話せる。お友達夫婦との旅行中で、ポルトガル語を話せず戸惑うわたしを心配して声をかけたようだった。

「こんなところまでマラソン走りにきたの。遠かったでしょう？」

「よく頑張ったね。あと少しで入り口に戻れるよ」

おじいちゃんとおばあちゃんは震えるわたしの手をさすってくれて、お友達夫婦もわたしの体がぽかぽかするようにチョコレートをくれた。雨に濡れて寒いのはみんな同じ。おばあちゃんだって濡れたシャツが肌に張り付いていたし、おじいちゃんの髪からも水滴が落ちていた。

それなのに彼らは一生懸命に、わたしの体をさすってくれる。まるで自分の孫のように、わたしが風邪を引かないように。そんな心遣いに、目尻から涙がこぼれて雨に混じってよけいに顔を濡らした。

そのときから今まで、おじいちゃんとおばあちゃんは孫娘かのように面倒をみてくれる。ふたりはサンパウロに住んでいるから、サンパウロにいるときは孫が家にやってきたかのように出迎えてくれるし、いないときもたくさんメールをくれる。その頻度は日本にいる祖母と同じくらい、まさしくブラジルの祖父母みたいな感じだ。

ブラジルに飛んでサンパウロに飛行機で到着したら空港まで、バスで到着したらバスターミナルまで車で迎えにきてくれる。

今回だって変わらない。熱帯気候のブラジル北部からやってきたわたしに、サンパウロはほかのところよりも寒いからと、バスターミナルまで上着と毛布を持ってきてくれた。

「ユウリちゃん、ひもじいでしょう。ご飯いっぱいつくったよ」

おばあちゃんの〝ひもじい〟は、おなかがぺこぺこという意味だ。

サンパウロの家では、相変わらずびっくりするくらいの量のご飯がわたしを出迎えてくれた。献立には、白ご飯、味噌汁、豆腐がレギュラーメンバーで並ぶ。きっと日本食が恋しいだろう、というふたりの気遣いだ。

わたしのためにわざわざ用意してくれた箸を使い、料理を口に運んだ。美味しい。海外のレストランでは食べられない、心がほっとする味。口の中が喜びでいっぱいだ。そこからは無心にご飯とおかずを食べ続けた。「美味しい」と無意識に口にしていたようで、

「ユウリちゃんは、いつも美味しいって言ってくれるねえ」

おばあちゃんが目尻に皺を寄せていた。

そこから数日間、ふたりの家で一緒に過ごした。ある日は、前年から親交のある孫娘ちゃんたちと一緒に家で遊んだ。6歳と8歳の女の子。夏休みの宿題を手伝ったのだけど、ポルトガル語で説明するのはやっぱり難しい。

ある日は、ふたりのお友達夫婦の家に遊びに、隣町まで行った。わたしのためにチョコレートのお土産を用意してくれていたお友達夫婦、心遣いがとっても嬉しかった。

しかも苺が好きと話したら、苺狩りに連れていってくれた。まさかサンパウロで苺狩りができるなんてびっくりだ。たくさん摘んだ苺は、酸っぱいからとおじいちゃんが買ってきてくれた練乳に浸して食べた。まだ酸味が強い苺に練乳の甘さがちょうどいい具合で、山盛りにあった苺はすぐになくなってしまった。

ある日は、3人でわたしがどうしても行きたかったサンパウロのラーメン屋さんに夜ご飯を食べにいった。博多一幸舎という日本のチェーン店で、日本の味と同じと評判のラーメン屋さんだ。おばあちゃんとおじいちゃんの口に合うか少し不安だったのだけど、美味しいと喜んでくれたので一安心。おばあちゃんはとくに餃子がお気に召したようで、しきりに美味しいと言っていた。

まるで本物の孫と祖父母みたいだね。ふたりと一緒にいると、たくさんの人に何度も言われた。

そのたびにふたりは、

「血はつながっていないけど、日本の孫なの。マラソンを走りながら世界中を旅しているのよ、それもひとりで。すごいでしょう」

と、わたしの話をする。ちょっと恥ずかしいけど、ふたりがわたしのことを自慢してくれるのが本当に嬉しかった。

おばあちゃんとおじいちゃんと過ごす最後の日。パラグアイ行きのバスチケットを握りしめ、おじいちゃんが運転する車に乗り込んでバスターミナルに向かっていた。

出会いがあれば別れだって必然だ。ずっとサンパウロに留まるわけではないし、次の目的地だって決まっている。

会う回数が増えれば増えるほど、思い出だって増えていく。思い出が増えれば増えるほど、別れるときの寂しさは募るばかりだ。バスがくるのが遅くなればいい、もっとサンパウロに長くいればよかった、そんな考えがぐるぐる頭を巡った。それでもバスはやってくるし、日付を変えることもできない。

喜怒哀楽がわかりやすいわたしのことだ。きっといつもより喋らないし、暗い顔をしていたんだろう。乗り場でバスを待つ間、おばあちゃんは手をずっと握ってくれていた。

2014年3月、大学校内のパンフレットモデルをした際の写真

2015年4月、1年前よりプラス20kgオーバーとなった頃

2015年12月、アメリカのホノルルマラソンにて

2016年2月、アメリカのロサンゼルスマラソンのスタート地点、ドジャースタジアムの前で

2018 年5月、フランスのモンサンミッシェルマラソンにて。はるかかなたにお城の姿が

2019 年8月、サンパウロのバスターミナルにて。おじいちゃんとおばあちゃんと一緒に

2019 年2月、ケニアのイテンにて。高地トレーニングの最中

2019年2月、ルワンダのルワマガナにて。赤土の道を走る

2019年9月、チリのパタゴニアマラソンのゴール地点にて。トーマスとロンネルさんと

2022年5月、ベルギーのベルギービールマラソンの前日のパスタパーティーにて

2023 年 10 月、イラクのエルビルマラソンにて。沿道で応援してくれる子どもたち

2023 年 11 月、シリアのダマスカスマラソンにて。現地の子どもたちと並走

ついにアスンシオン行きのバスが到着して、バスに向かって人がぞろぞろと列をつくった。わたしも並ばないといけない。最後の記念にと、バスに乗り込む前に3人で写真を撮った。いい写真だ。

「ユウリちゃん、これ持っていきなさいね」

バスに乗り込む直前になって、おばあちゃんがビニール袋を手渡してきた。結構ずっしりとしている。なんだろうと首を傾げると、おじいちゃんが優しい顔をしながら笑った。

「これ、お弁当。ユウリちゃんがひもじくならないようにつくったから、バスの中で食べてね」

あ、やばい。そう思ったときにはもう遅かった。両方の目からぼろぼろ涙がこぼれていた。泣かないように我慢していたのに最後にずるい、こんなの我慢できなくなっちゃう。

一度決壊したダムはもう制御不能で止まらない。しまいには嗚咽まで顔を出す始末、大失態だ。でも、それ以上に寂しかった。この数日間で積み上げた思い出が、わたしの身を寂しさに染めあげていた。本当に寂しかったのだ。

「また会えるから、泣かないよ〜」

そう口にして、わたしを、ぎゅうっと抱きしめるおじいちゃんとおばあちゃん。また会える、この言葉を実現させることがどれほどに大変なのか。わたしもふたりも、たぶんわかっている。日本とブラジルは想像以上に、とても遠いのだ。

それでも、また会おうね、としきりに口にせずにいられないのは、約束よりも願いに近いから。どうかまた会えますように、そんな思いに溢れているからだ。

嗚咽を漏らしながらバスに乗ったわたしを、バスが発車するまでふたりはずっと見送ってくれた。わたしも涙を拭いながらずっと手を振っていた。

おばあちゃんのおにぎりは具が入っていない、シンプルなおにぎりだ。海苔と塩だけのベーシックなおにぎり。そのおにぎりを頬張るたびに、おばあちゃんとおじいちゃんの顔が、たくさんの思い出が、頭の中を駆け巡る。

頬から伝った水滴が染みたおにぎりは、最初よりも少し塩っぽく感じた。それでも、とてもとても美味しかった。

パタゴニア紀行

わたしにとってパタゴニアは、ファッションブランドのひとつでしかなかった。

山の連なりを模した線に Patagonia の文字がプリントされたロゴのある服を着ているメンズは

よく目にする。レディース製品もあるみたいだけど、あんまり興味がなかった。

そんなとき父親から、従兄弟がパタゴニアをトレッキングしてきたなんて話を小耳に挟んだ。この従兄弟がなかなかなかにアウトローで、アマゾンやらアフリカやらを旅して、今回はパタゴニアを練り歩いてきたらしい。パタゴニアのロゴになっている山にはモデルがあるのを、そのとき初めて知ることになった。

それから10年くらい経って、自分の足がその地を踏んでいるなんて、当時のわたしは信じないだろう。

チリのサンチアゴから飛行機に乗って3時間ほどで、パタゴニアの玄関口のプンタアレナスに到着する。空港の外に出ると、冬らしい渇いた空気が顔を拭った。9月のパタゴニアは春の始まりだけれども、それでも東京の真冬の気候に近い。

ＵＮＩＱＬＯの「ヒートテック」と「ウルトラライトダウン」を着込んでも、足裏からじりじり這い上がってくる冷えには勝てないようで、体の芯の熱が少しずつ失われていくのを感じる。

雲ひとつない群青の空が、東京の冬の晴れた日のようだった。

パタゴニアマラソンを走るのを決めたのは、「パタゴニアのロゴＴシャツを着てパタゴニアマラソンを走りたい」なんて軽薄な理由から。

冷静に考えて動機と労力の重さが比例してない。そのくせパタゴニアのTシャツは日本で買ってなくて、パタゴニアって名前のブランドだし、チリとかに絶対に店舗はあるでしょ、とどこからか湧く根拠のない確信とともに南米大陸に飛んだ。

この見通しの甘さが、企画倒れにつながったのに気づいたのはチリのサンチアゴに着陸してからだ。

サンチアゴに到着して、パタゴニアのTシャツを買わないといけないんだったと、当初の企画を思い起こして、パタゴニアのショップをGoogle検索で探した。検索結果が表示されて、嘘だろって震えながら、今度はスペイン語で検索をかける。結果は同じで、頭の血が引いて視界がぼやけた。

チリのどこにもパタゴニアの店舗は存在しなかった。まじかよ。パタゴニアって銘打っているくらいなのに、パタゴニアのある国にパタゴニアが存在しないなんて、どういう経営方針なんだろう。

とにかくやってしまったと頭を抱えながら、それでも330ドルのなかなか高額なエントリーフィーはもう払っているし、フライトもホステルも全部予約済み、行くしかないと絶望の決意をして、ただパタゴニアマラソンを走ることになった。

ちなみに、そのあとパタゴニアブランドについて調べると、そもそもアメリカの企業らしく、店舗も北米までしか進出してなかった。いま考えると、アウトドアショップに行けば身繕えたのかもしれない。けれど、当時のわたしはアウトドアショップの存在も頭になかったので、もう仕方のないことだった。

そんな失意を携えたまま足を運んだパタゴニアの地で過ごした日々は、今になっても楽しい思い出として頭に浮かぶ。

到着してから数日はパタゴニアの入り口の街、プンタアレナスに泊まった。ネットでの評判を頼りに辿り着いたホステルの名前はHostal Independenciaだった。

オーナーと奥さん、ほかに宿泊していたチリ人とコロンビア人が、みんなで生地を一からつくったピザを焼いたり、コロンビアの伝統料理のアレパをつくったり、焼いたじゃがいもを食べさせてもらったり、オーナーにスペイン語を教えてもらったり、真っ白の飼い猫ちゃんとゆっくりお昼寝したり、街に犬のお散歩に行ったりと、とっても楽しかった。

レースの舞台になるパタゴニア国立公園のあるプエルトナタレスの街にバスで出発するときには、チリ人のレネがお見送りをしてくれて、数日しか過ごしていないのにすっかり仲良くなってしまったから、別れ際は半べそをかいていた。レネに懐いているホステルの大型犬に顔面を舐められて、犬の匂いのする顔でバスに乗ることになった。

プエルトナタレスでは、マラソンを走る前に、パタゴニア国立公園の象徴でもあるトレス・デル・パイネの麓までトレッキングをするツアーに参加した。

このトレッキングをするために、世界中からの観光客がこの公園にひっきりなしに足を運ぶ。わたしがツアーに参加した日も、オフシーズンだったのに駐車場には何台ものバスが列をなしていた。

トレス・デル・パイネのトレッキングはアイゼンが推奨されていたのに、わたしはそんな道具なんて持っていなくて、雪でシャーベットみたいに凍った道を恐る恐る歩き、時たま尻もちをついて転んだ。

ツアーには世界の各地から十数人が参加していて、日本人はわたしだけだったのだけれども、このあとに開催するパタゴニアマラソンを走るという参加者も少なくない。アメリカ人のコンビ、ロンネルさんとハロルドさんもパタゴニアマラソンのためにアメリカからやってきていた。ハロルドさんは走らず応援役、ロンネルさんだけ走るようだ。

ちなみにこの出会いをきっかけに、これから長い付き合いをすることになるんだけど、このときのわたしたちはまだそんなこと考えもしていない。

ところどころで生命を脅かすようなスリップを経験しながら、4時間超のトレッキングの先にトレス・デル・パイネは聳《そび》え立っていた。

形容すればただのでかい岩なのに、神々しい雰囲気をまとっている。まだ冬の名残で、真っ白の雪が岩肌を粉砂糖のように覆っていて、ターコイズブルーの湖はスケートリンクみたいに凍結している。

　動いているときは暑くてたまらなかった体なのに、一度止まると汗を吸った「ヒートテック」が冷気でひんやりして、ダウンジャケットひとつでは寒くてたまらない。それなのに半袖姿で歩いている人もいる。欧米人とアジア人の体のつくりの差を目にした気分だ。

　マラソンのお互いの完走を祈って、ロンネルさんと湖の淵で写真を撮った。

〝You can do it〟の和訳、「できるよ！」のイントネーションが気に入ったのか、ロンネルさんは写真を撮りながら、ずっと、

「デキルヨ！　デキルヨ!!」

と叫んでいる。雄大なトレス・デル・パイネを背景に、謎の日本語がこだましているのは、なかなかにシュールだった。

　トレッキングから2日後の朝、プエルトナタレスの中心からパタゴニアマラソンのスタートラインに向かうバスに揺られていた。

　トレス・デル・パイネ国立公園を走るレースなので、街からスタート地点までは2時間ほどかかる。パタゴニアのロゴTシャツを着てパタゴニアを走る企画はすでに総倒れになっていたけれども、エントリー費は払っているので走るしかない。窓の外は氷点下10度の世界で、バスの窓に

は薄い氷の膜が張っている。草木の露が凍って真っ白に染め上げられて風になびいていた。

寒いのは嫌いだ。顔が冷たさに焼けてヒリヒリと痛むし、外気にさらされる手がすぐに真っ赤になってしまうのもつらい。気候も気温もコースも、何も確認せずにエントリーしてしまった半年前の自分を恨むしかなかった。

せめてもの抵抗で、スタート地点に到着したバスからは最後に降車した。外気に顔をさらした瞬間に頰が冷えて痛くなったけれども、まぶしい日差しがそれを和らげてくれる。晴天でよかった、雨か雪だったら凍死しているところだった。

「ユウリサン！」

名前を呼ぶ声に気づいて振り向くと、トレッキングで親交を深めたロンネルさんが手を振っていた。ロンネルさんは長袖にアメリカの国旗模様のタンクトップだ。どんな肉体しているんだ。ロンネルさんの後ろにはあごひげをしっかり生やした白人の若者がいた。ロンネルさんが乗ったバスで隣の席だったらしい。名前はトーマス、彼もまた生粋のアメリカ人だった。

トーマスと「初めまして、よろしくね」の握手をして立ち話をしていると、トレッキングのときと同じポーズで写真を撮りたいとロンネルさんが言うので、スタートラインの前で一緒に写真を撮った。

「デキルヨ！」に依然としてはまっているようで、相変わらず「デキルヨ！」と言いまくっている。ちなみに、さん付けにもはまっていて、わたしのことを呼ぶときは、「ユウリサン！」だ。それを汲み取って、わたしも「ロンネルさん」と呼んでいる。当たり前だけど、トーマスは不思議そうな顔をしていた。

「デキルヨ！」の意味を伝えると腑に落ちた顔をして、トーマスも「デキルヨ！」と言い始めた。

アメリカ人に馴染みやすいフレーズなのだろうか。

国立公園の中で電気なんて通っているはずはないのに、大型のコンポが設置されて大音量でミュージックが流れているし、MC用のステージもしっかり用意されている。

さすがラテンの大陸、盛り上がりに賭ける魂の強さが伺える。

「全世界の65カ国以上からのランナーたちよ、遠くからよくぞここ、パタゴニアの地まで辿り着いてくれた！」

そうMCが力説していた。ちなみに、日本からの参加者はわたしひとりらしい。ゼッケンを受け取りにいった際に、「あなたは日本代表よ」と伝えられた。

人生で日本代表になる経験をするなんて夢にも思わなかった。

スタートのカウントダウンは全国共通語のイングリッシュ。

号砲と同時にドローンがわたしたちの上を通り抜けた。隣にいたロンネルさんとトーマスに、グッジョブマークをする。彼らの目標タイムは3時間台、わたしの目標タイムは5時間、大幅に差があるためいったんここでお別れだ。ゴール地点での再会を約束してわたしたちは離れ離れになった。

スタート地点を少し離れると、音楽は聞こえなくて、ランナーの足音や息遣い、風の吹く音や鳥の鳴き声しかしなくなった。目の前には岩っぽい山が幾重にも並んでいて、奥に行けば行くほど雪がしっかり降り積もっていて真っ白になっていた。

背丈の低い木々と山の間には雲のような霧が停滞し、進めば進むほど霧が伸びてきて道を覆い始める。さっきまではっきりとしていた濃い青色の空は、一瞬にして目隠しをされたみたいになった。

少し経つと、手が汗ばんで手袋の中が湿っぽくなってきたので、走りながら手袋を脱いだ。背中もしっとりと汗ばんできていて、「ヒートテック」が肌にくっついているのが気持ち悪い。ダウンジャケットを着たまま走り始めたのを後悔しながら、横に目をやると、まさかのタンクトップで走るランナーがいた。

10キロほど走ると、道が徐々に険しくなってきた。ここから30キロまではひたすら登りが続く。気温が上がってきたからなのか、霧はすっかり晴れて青空が戻ってきたものの、追い風か向かい風かもわからないくらいに風が強く吹いていた。

冷たい風が目を刺すせいで、目が乾いて涙がぽろぽろと落ちる。涙で濡れた頬の湿気が風で乾いて、頬には粉が吹いた。足が疲れる坂道は嫌いだ。走るのをやめて、ゆっくりと歩くことにした。GoProで撮影しながらコースを歩いていると、追い越しランナーがカメラにポーズをしてくれて楽しい。

10キロくらい険しい坂道を登ると一区切りだ。登りはまだまだ続くけれども、ここでなぜか少し降る。坂道のてっぺんからはハーフポイントの地点が見えた。陽気な音楽が聞こえてきて、パーティー会場みたいになっているようだ。

坂道を降りきってハーフの地点に到達すると、スタッフの若いお兄さんたちが雄叫びを上げて出迎えてくれた。爆音の音楽は車の音響を使って流しているようだ。そこまでして音楽を流そうとする心意気がすごい。GoProを向けるとポーズしてくれたり、雄叫びを上げてくれたり、サービス精神も旺盛だった。

ハーフ地点を過ぎると、泣きたくなるくらいの登りがひたすらに続く。景色も正直あまり良くなくて、道の両側には針葉樹林がひたすら群生している。ランナーもほとんどが歩いていて、坂道倦厭《けんえん》ムードが渦巻いている。だけれども、それでも進むほかなく、終わりがわかりづらい坂道をひたすら黙々と歩くしかなかった。

坂道の終焉は突然にやってきた。急に視界が開けたと感じた次の瞬間に目に入ったのは湖だった。さっきまで吹き荒れていた風はどこへいったのか、無風のおかげで湖が鏡張りになって周りの山々と空の模様を水面に映している。美しい、その一言に尽きる景色だ。

少し走ると残り10キロのところにエイドステーションがあって、相変わらず大音量の音楽を車から流しながら、スタッフが陽気に出迎えてくれた。オレンジを頬張りながら鏡張りの湖を眺めていると、女の子のランナーに話しかけられた、GoProで動画を撮りながら走っているのがずっと気になっていたらしい。

アメリカのジョージア州からやってきた彼女は、GoProの動画を再生してあげるとえらく感動していた。ゴール地点での再会を約束して、彼女は先を進んでいった。わたしはもう少しのんびりオレンジを食べることにして、湖の前の丸太に腰をかける。

ちょっとしてからスタッフのひとりが何かに騒ぎ始めた。何事かと怪訝な顔をすると、スタッフは怒濤の勢いでスペイン語をまくし立て、頭上を指さした。

彼の手が指すほうに視線を投げると、1羽のコンドルが悠然と旋回している。スタッフいわく、コンドルはチリの国鳥で、なかなかお目にはかかれないんだとか。豆知識に頷いている間に、コンドルはどこかに飛んでいってしまって、澄んだ空気と湖を背にわたしも先に進むことにした。

ゴールまではほとんどが降る道で、足の進みも速くなっているのが自分でもわかった。

最後のエイドステーションではGoProを持っているのに気づいたスタッフが、わたしの代わりにGoProで、わたしの姿を並走しながら撮影してくれた。景色や周りはたくさん撮影できるけど、自分のことはなかなか撮影しないから嬉しかった。

ゴールはトレス・デル・パイネ国立公園内のホテルラストーレスの敷地内。草原にあるゴールの姿を目にして、少し湿り気のある草原を駆け抜ける。5時間くらいを経て、ようやくゴールに辿り着いた。

ゴールアーチをくぐり抜けて、メダルをかけてもらうと、すでにゴールしていたロンネルさんとトーマスが駆け寄って「コングラット！」と労ってくれた。

ロンネルさんは3時間30分ほど、トーマスは4時間と少しでゴールしたらしい（速すぎるよ！）。

予想外の表彰台

国立公園から市街地まではバスで戻るのだけれども、そのバスはあと2時間しないと発車しないようだったので、わたしたちは雄大な景色を背景にして記念撮影に時間を割くことにした。

当時のわたしは、完走したあとにようやく自分の写真を残す習慣を身につけつつあったので、写真を撮ってもらえることを喜んでいたのだけれども、ロンネルさんやトーマスの写真へのこだわり具合は〝インスタ女子〟を凌ぐほどだった。

このとき撮影した写真の枚数を数えてみたんだけれども、50枚以上ある。角度や景色へのこだわり具合がすごかった。

トーマスがiPhoneじゃなかったので、写真を共有するためにFacebookのメッセンジャーでグループを作成する。アメリカ人はLINEではなくSMSやメッセンジャーでやりとりするのが主流みたいだ。

チーム名はロンネルさんに勝手に命名されていた、「The Adventurous Maniacs」。

これがわたしたちのチームの結成秘話になるなんて、また一緒に違う国のレースを走るなんて、パタゴニアでは誰も思ってなかったはずだ。

アイドルばりの写真撮影会を開催していると、ゴール地点のステージから歓声と音楽が聞こえてきた。このときばかりはロンネルさんもトーマスもシャッターを押す手を止めて、音のするほうを向いている。

わたしたちが景色を求めすぎたせいで、ゴール地点がそこそこ離れていて、まったく見えない。しょうがないから撮影会を中断して戻ることにした。

ゴール地点で開催されていたのは表彰式だった。パタゴニアマラソンは男子と女子の総合の優勝者以外に年代別の表彰もあり、12個の表彰が行われることになっているらしい。

でも、5時間過ぎてゴールしたわたしには関係のない話だし、ロンネルさんとトーマスもそれにおおむね同意していて、なんならふたりは撮影会を再開したそうにうずうずしている。撮影会を再開する雰囲気になって、歩き始めようとしたところだった。

「ユウリ・スズキ！」

唐突に放送で名前が呼ばれた。最初は聞き間違いかと思ったけど、何度確認してもわたしの名前が繰り返し呼ばれている。ロンネルさんとトーマスもそんな、まさかの表情でわたしの顔を眺める。

それでもわたしの名前のアナウンスは止まない。間違いだろう、もしくは規定に引っかかったペナルティかと思いつつ、とりあえず手をあげてステージのほうに向かった。

「ユウリ・スズキ?」

「イエス、イエス」

「コングラッチュレーション、ナンバーワン！」

嘘じゃん。ロンネルさんとトーマスのほうを向くと、ふたりは一瞬驚いた顔をしたけれども、次の瞬間には爆笑していた。

ロンネルさんに至っては、わたしが持っていてくれと頼んだGoProでわたしのことを撮影し始めている。そしてドッキリとかでもないようで、メダルをかけるセレモニーのために表彰台に登れとスタッフに促された。

こうして人生で初めての表彰台をパタゴニアで体験することになった。日本代表としては大健闘の結果だろう。表彰台の上からロンネルさんとトーマスのほうを向くと、相変わらずふたりは爆笑している。

「デキルヨ！」とロンネルさんがグッジョブマークを掲げていた。

ちなみに、このあとロンネルさんも表彰台に登ることになった。キョトンとした顔で30代の部の3位として表彰台に登ったロンネルさんを、今度はわたしとトーマスが爆笑で見届けた。

その後はバスがくるまで、優勝メダルとたくさん写真を撮った。ロンネルさんが、

「このチーム、パタゴニアマラソンの表彰者がふたりもいるのってすごくない？」

と真顔で騒いで、このチームでレースに出場しようと意気込んでいる。そうだねえ、と頷きながら、このときはロンネルさんの熱弁を話半分で聞き流していた。だってアメリカと日本、レースを合わせるには距離が遠すぎる。

そんなわたしたちが次にともにレースを走るのは、そう遠くない未来のことだ。

ダニエルとの共走

「ハポネサ？　コレラス、マラトン？（日本人？　マラソン走る？）」

ゼッケンの受け取り場の市民会館の入り口で呼びかけられた。そうだけど、と応対すると、そこから室内にエスコートされ、「ちょっと待ってて」と男の人は違う部屋に入って、戻ってきたと思ったら、恰幅のいいおじさんと小柄なおばさんを連れてきた。どうやら大会の運営責任者らしい。

「ついにサルトグランデマラソンも、インターナショナルマラソンの仲間入りだ！」

「コンコルディアにようこそ、ぜひここで写真を！」

「この写真、大会のホームページに載せてもいい？」

レースに出場することでこんなに歓迎されるのは、生涯で初めてだ。サルトグランデマラソン開催の前日のことである。

サルトグランデマラソンは、アルゼンチンとウルグアイの国境で開催されるマラソンだ。そもそも街自体も小規模都市と呼ばれる部類で、このマラソンも地元民か、たまにブラジル人が参加するアットホームなレースだった。

運営がざわついたのは、わたしがエントリーしてから。こんなレースに本当に日本人が来るのか？　そのざわつきは、わたしがアルゼンチンのコンビニでエントリー費をなんとか振り込んでからさらに大きくなり、

「この街に日本人がわざわざ走りにやってくるそうだ」

そう噂になっていたようだ。その証拠として熱烈な歓迎はスタート地点でも続いた。どのランナーもわたしを貴賓として、もしくは姪っ子のように目をかけてくれる。

「はじめの10キロのアップダウンが大変だからケガをしないように気をつけて、残りの20キロは下りだから楽だけれど、日中は暑くなるからたくさんの水を飲んだほうがいい」

そんなアドバイスを一つひとつ簡単なスペイン語に変えて伝えてくれる。最初は空っぽだったスパッツのポケットは、バスを降りる頃にはチョコレートや干し葡萄の入った小さなビニール袋が入って膨らんで、リスの頬袋のようになっていた。

目にかけてくれるランナーのひとりに、ダニエルがいた。ダニエルはわたしの父より少し若いくらいのおじさんで、ランナーらしからぬ襟付きのシャツを身につけるなど、ところどころ特徴のある服装をしていて、高貴な雰囲気をまとっていた。

なかでも目を引いたのはその靴。なぜかランニングシューズではなく、「クロックス」のような履き口の広いサンダルを履いていた。

靴を履かない理由を聞くと、ダニエルは前週に100マイルのレースに出場しており、その際に踵を靴擦れで痛めてしまったとのこと。ランニングシューズを履かないで完走するために選んだ靴が、このサンダルだったようだ。

100マイルを走った翌週にフルマラソンを走るなんて、人間じゃないと口から飛び出そうになったけど、わたしも前の週にチリでフルマラソンに出場したことを鑑みると五十歩百歩かもしれないと思い、口を閉じた。せっかくだしとツーショットの写真を撮ってから、お互いの健闘を祈りつつ、わたしたちはスタートラインに並んだ。

スタートしてからは、ほかのランナーもわたしのことを気にかけている余裕はなかった。

そもそも42・195キロを走り続ける行為は、人間にしかできないタフな行為だ。わたしは自分のペースで42・195キロを走ることに専念して、気づくと群れから外れた羊のようにのろのろとアップダウンの激しい坂道と格闘していた。

時折通り過ぎる車が鳴らす応援のクラクションが、ただひたすらに長く伸びる道に響く。雲ひとつないスカイブルーの空から容赦ない日差しが肌を刺し、激しい坂道を走りきると剝き出しの腕は日に焼けて赤く色味を変えていた。

それでも、ハーフ地点のウルグアイとアルゼンチンを結ぶサルト大橋を渡っていると、国境を越えるために列をつくっている車から身を乗り出して応援してくれる人や、パスポートコントロールの受付から手を振ってくれる入国審査官が、頑張れと背中を押してくれた。ダニエルに再会したのは、そこから数キロ走った25キロ地点。

「ダニエル!」

「ユウリ! 元気ですか?」

「うん、元気! でも、ちょっと疲れている」

「ええ、わたしも」

ダニエルは、ハーフ地点までは集団に混じって走っていたけど、足が痛み始めてしまい、集団を逸れて自分のペースで走ることに切り替えたようだった。足元に目をやると、サンダルを引っ掛けている踵と靴下のゴムの部分とが接触して紅くなっている。もう少しすると皮が剝けてしまいそうで、とても痛そうだ。

「わたしのことは気にしないで、先に行って大丈夫だよ、グッドラック!」

ダニエルは大きなグッドマークをつくり、サングラスをずらして垂れ目の目尻をさらに下げて笑っていた。笑うと元の彫りの深さもあってか、さらに眼窩が窪んでいる。

たしかに自分のペースをひたすらに刻むほうが楽だし、早くゴール地点に到着できるし、家に帰ってシャワーも浴びられる。ダニエルもそれを考えて、先に行けと言ってくれているのは容易に想像がついた。

「でも一緒に行こう！　だって、わたしもめっちゃ疲れちゃった」

「でも……」

「ううん！　わたし、人と一緒にマラソン走るの好きだし!!」

ダニエルの反対を押しきり、そこからわたしたちは一緒にゴール地点を目指すことになった。約17キロの長い旅だ。

最初は走っては歩く、歩いては走るを繰り返していたけど、途中からダニエルの足がひどく痛むし、わたしも今までのレースのせいで疲労困憊、歩いて先を目指すことにした。

長い旅路には時間がかかる。わたしたちはいろんな話をした。

どうしてマラソンを走り始めたのか、100マイルのレースはどんなものなのか、それを完走したときの喜びがどれほどなのか。日本はどのような気候なのか、生魚をよく食べるのか、桜は本当に薄紅色の花をつけるのか。

アルゼンチンは人より牛のほうが多いのか、自慢の食べ物は何か、アルゼンチンペソの大暴落は大丈夫なのか、デモの途中でもＢＢＱは必須なのか。

途中にあるエイドステーションでは、ボーイスカウトの子どもたちが補給食やドリンクを手渡してくれた。彼らにとっても日本人は珍しいみたいで、全員で記念写真を撮ることになった。もはや芸能人ばりの扱いである。

35キロあたりになると、ダニエルの口数がだんだんと少なくなってきた。足が相当痛むようで、ときどき止まってしまう。靴擦れも酷くなり、踵が当たる靴下のゴムの部分に血が滲んでいた。先に行ってくれ、とダニエルが口にするが、ここでダニエルを置いていくほど、わたしも薄情じゃない。それにダニエル、安心してくれ、わたしもビビるほど疲れてる。

「問題ない、大丈夫！　一緒に行こう!!」

ダニエルは申しわけなさそうにはにかみながら頷いた。

「ごめんなさい」

「全然！　一緒に走るの好きだよ!!」

謝らないでほしかったし、何も申しわけないと思う必要はないのだ。わたしも疲れているし、それにここまで一緒に辿り着いたのだから、一緒にゴールテープを切りたかった。

ダニエルの様子を伺いながら、途中で歩いては止まって、歩いては止まってを繰り返して、わたしたちは前に1歩ずつ進んだ。

途中でコースの案内がなくなって途方にくれたが、ダニエルが母国語のスペイン語で道ゆく人に尋ねて解決してくれた。持ちつ持たれつである。

40キロを過ぎると、もうすでにゴールをして家路を歩むランナーの姿がちらほら現れて、フィニッシュ地点が近づいてきているのを感じた。わたしたちの姿を捉えると、

「頑張れ、頑張れ！　ゴールはすぐだよ!!」

と、ランナーたちは唾を飛ばして大きな声で応援してくれた。

「ダニエル！　もう近いよ!!」

「ああ、行こう！」

ダニエルの歩みがさっきよりも心なしか速くなり、それに合わせてわたしの歩幅も広くなった。わたしたちは肩を並べて、どちらかが先を行くことなく、ゴールを見据えていた。

わたしたちがゴールテープを切ったのは、スタートしてから5時間以上過ぎた頃だった。先にゴールをしたランナーたちが、待ってましたとばかりにわたしたちを抱擁してくれた。汗で汚いからやめたほうがいいんだけど、それを言うのは野暮だ。メダルを首にかけてくれた運営のスタッフが、「おめでとう」と声をかけてくれた。

ここまで一緒に走ったダニエルと、この達成感、喜びを分け合おうと、わたしは彼のほうを振り向いた。ダニエルはその垂れ目の目尻をさらに下げ、その目尻からはぼろぼろと水滴をこぼして、指で目元を拭っていた。

父親ほどの年齢の男の人が泣いているのを目にするのは、祖父が亡くなった高校生のとき、叔父が出棺の挨拶をしながら充血させた両の目からほろほろと涙を滴らせていた以来だった。そして、ダニエルの目から滴り落ちているのは、叔父の涙とは異なる種類の、暖色の感情が溶けた涙の粒だった。

「ユウリ、ありがとう、本当にありがとう」

涙や汗が入り混じった顔で、半分笑って、半分泣いて、ダニエルはわたしの両手を握ってくれた。本当は集団とはぐれたところで、足の痛みから棄権も頭によぎったこと。わたしと一緒に走りだしたことで、痛みが少なくなったこと。あきらめないでゴールテープを切れたこと。

「君が、君が、一緒に行こうと言ってくれたから、走りきれたんだ」

ありがとう。腕には汗のかきすぎで白い塩の粒が輝いていた、土埃で全身はどろどろだ。それでも、もうそんなことはどうでもよかった。

わたしの鼻の奥もツンとして、目に水の膜が張り、湖のように涙をたたえ始めた。わたしの腕は自然とダニエルの背中に、ダニエルの腕は自然とわたしの背中に回っていた。

あのとき、一緒に行こうと言い続けて本当によかった、ダニエルとこのレースを完走できて本当によかった。気づいたらわたしたちは、お互いに笑いながら泣いていた。

そのとき、わたしの目に映っていた涙は、その瞬間存在しているなによりも美しく輝いていた。

第6章

＊

一進一退の攻防戦

訪れたサンタクロース

南米から帰国して数カ月が経った、2019年の冬。

帰国した頃にはセーターにコートを重ねる時期になり、吐いた息で視界が白く煙った。年の瀬が近づくにつれ、渋谷の街はどこからか湧いてくる人々でぎゅうぎゅうになった。

こちとら生まれてこのかた東京でOLやってますけど、なんて涼しげな顔をしながら道を闊歩する。クールな顔をしているけど、その内心は踊りだしたいくらいに跳ねていた。

12月24日。サンタさんがやってきた。きっかけは些細なことだった。

そもそも、わたしはSNSが嫌いだ。小学生の頃から折り紙つきで、何かを提出したりすることが苦手だ。保護者参観のお知らせ、夏休みの宿題、修学旅行のお知らせ、提出し忘れた紙は数知れず、教室では先生に、自宅では母親によく叱られていた。そんな女が成長したとて何かを頻繁に、そして自発的に投稿するなんて不可能に近い。ローンチされた頃に同級生に勧められるままにインストールしたTwitterのアカウントは、ログインパスワードもわからないし、Instagramに関してはダウンロードすらしていなかった。

そんなわたしが、南米のコロンビアで現地ギャルズと仲良くなった。

6　一進一退の攻防戦

「インスタ交換しよ！」

「インスタ？　何、それ？」

「嘘やん……」

iPhoneの絵文字みたいな大きな目を見開いて、オーマイガーという顔をしているギャルズは、とわたしのスマホでアプリをダウンロードし始めた。携帯の画面にレインボーのグラデーションがかかったアイコンが顔を出す。コロンビアのギャルズに囲まれてインスタデビューするとは夢にも思わなかった。

「インスタ、ダウンロードしよ」

「とりあえず、写真投稿しよ」

「どうやって投稿するの？」

「このボタン押して、タグ付けすんの。やだ、あんた、走ってる写真しかないじゃん」

近所の口うるさいおばさんみたいに口出しをしてくるギャルズに言われるがまま、Twitterのアカウントもつくり直した。とりあえず、最初のポストはおしゃれなレストランのパンケーキの写真にした。ギャルっぽい。

せっかくSNSでアカウントをつくったし、南米にいる間はせっせと投稿しようとしたけど、途中からほとんどポストしないで放置したまま帰国し、結局、見る専門になってしまった。

気が向くと、たまに走った国の写真を投稿するくらい。写真を加工したり、文章を考えたり、タグ付けしたりするのが、いかんせん面倒だった。ＳＮＳは投稿するのは面倒だけど、流し見をするのは時間つぶしにもなるし、面白い。帰国してからも、出勤する際にタイムラインを眺めるのが日常になった。隙間時間があると眺めてしまうから、ＳＮＳに依存しているみたいでほんのり怖い。それでも毎日眺めてしまうのだけれども。

そんなある日、LINE の通知が鳴った。ケニアのイテンでお世話になった髙木さんからだった。イテンに行ったことも遠い昔と化してしまい、お雑煮の礼をするのをすっかり忘れていた自分を情けなく感じながら、トークを押す。

「スポーツメーカーの方が鈴木さんに興味を持ったみたいで、Twitter でメッセージが届くと思うので対応をお願いします」

iPhone にある考える絵文字が頭を埋め尽くす。メーカーの方が、わたしに興味をもった？なぜ、と狼狽しつつも、

「はい、わかりました、嬉しいです」

と自動で指が形式的な文字列を打ち込んでいた。わたし、そんな足速くないんだけどなあ。数日働いて、髙木さんの LINE も忘れかけていた頃、そのＤＭはクリスマスイブの昼過ぎに突然降ってきた。

6　一進一退の攻防戦

「神野さんのコーチの髙木さんから聞いているかもしれませんが、鈴木さんの活動が格好良くて素敵なので、個人的に応援したくなりました！」

「まずはシューズとウェアのサイズを教えてください！」

わたしの活動を見てくれている、応援してくれている。スマホを持つ手の力が指先から抜けていって、危うく電車の床に落としそうになった。あわててスマホを強く握りしめる。

こんなふうに伝えてくれる人がいるのに、面倒だからと走った記録を投稿する努力をしなかった自分をとっさに恥じた。

それでも体を小刻みに揺らしているのは、羞恥心ではなくて喜びのほうだった。震える指先がガラス面を押して文字列を生成している。身長１６７センチ、体重は50キロ前半です、と実際の体重よりも少なく申告したのは、なけなしのプライドからだった。

その数日後、サンタさんから大きな段ボールのプレゼントが届いた。数えきれないほどの、ウェアやシューズが詰められていて、これを一生着まわして生きていけそうだった。

波は、なぜか続いてやってくる。しかも、欲しくてたまらない時間にはやってこなくて、あきらめて平穏無事に過ごしているときに限ってやってくる。

シューズやウェアを大量に送っていただくと同時期に、〝渋谷のラジオ〟の番組のひとつ、「渋谷でRunTrip」に出演させてもらうことが決まった。

こちらは、意を決してSNSのタイムラインで流れてきたイベントに参加したのがきっかけだった。ひとりで海外に平気で行けるくせに、国内のイベントにひとりで参加するのにはどうも気が引けてしまう。

言葉が通じる人間のコミュニティのほうが、自分の性格や弱さ、嫌な部分が露呈してしまう。けれど、それを上回るほどにテーマが面白そうだ。「走らない走る会」という、基本的には運動嫌いのわたしにとって興味深いタイトルで、流れてきたツイートを思わずタップしてしまった。

モシコムと呼ばれるアプリをダウンロードし、四苦八苦しながら申し込みをして、当日Google Mapをこねくり回しながら辿り着いた渋谷区神泉の小さな部屋は、当たり前だけど知らない人だらけで、胸の真ん中が少し苦しくなって高山地域にいる気がした。

それでも気を使って話しかけてくれる人もいて、わたしのたいして投稿されていないTwitterも見ていますと伝えてくれた。

「そんなにいろんな国のマラソン走ってるとか、めっちゃ面白いじゃないですか！」

「しかもひとりで参加するとか、すごすぎる！」

わたし、やってること、面白いのかも。しかも、すごいって認識されるくらいには、いろんな大会に出場しているのかも。

あれよあれよと話が伝わり、伝言ゲームのごとく、「渋谷でRunTrip」を担当している株式会

6　一進一退の攻防戦

社ラントリップの代表・大森英一郎さんのお耳に入ったようで、数日後の会社のお昼休みには渋谷のラジオスタジオの席に座っていることになった。

会社のおじさんも慣れないなかで、アプリをダウンロードして聞いてくれたらしい。ラジオはおおむね好評だったみたいで、リスナーのほとんどが楽しんでくれたようだった。

２０１７年10月から、ひとりぼっちでやってきたことが、ようやく形になってきたような気がした。人からすれば小さい出来事に感じるかもしれない、けれど当時のわたしにとっては、怒濤の波が押し寄せている感覚だった。

何かが変わるかもしれない。そんな希望を胸に宿しながら、年末の東名高速の大渋滞に巻き込まれているときに、noteを投稿した。

わたしが走る理由をつらつらと書き綴った文章だ。これがまた小さなバズを起こして、いつもの何倍もの〝いいね〟の通知がnoteのホーム画面に溢れていた。遅々として進まない車の列も、クラクションの鳴る音も、何も気にならない。

やっぱり何かが変わる、確証はないのに確信めいた自信を胸に、noteの画面を閉じて、窓の外に目をやる。冬の冷たい空気でよけいに澄んだ青色を背景に、白い粉砂糖をまぶしたような富士山の山頂が陽の光を反射させて輝いていた。きれいだった。

モラトリアムの日々

２０２０年の年始は、何の予兆もなかった。

１月の頭から、アメリカのフロリダで開催されるウォルトディズニーワールドマラソンウィークエンドに出場し、その翌週にはマレーシアのツインシティマラソンを走る2大陸横断ツアーを弾丸で敢行して、何事もなく楽しんで完走した。

予兆を感じたのは、マレーシアから日本へ帰国する便の機内でのことだ。隣の席に座って仲良くなったデンマーク人のカップルが、中国行きの旅程をキャンセルすると残念そうに眉を下げて言っていた。

「謎の疫病が中国で流行っているみたいなんだ」

代わりに韓国に行くとふたりが話すから、会話の焦点は謎の疫病から韓国のスポットに瞬く間にすり替わる。それくらいに軽い話題だった。

これが世界を大混乱に陥らせる新型コロナウイルスの流行の予兆だったなんて、当時のわたしが知るはずもなかった。

6　一進一退の攻防戦

「現在の感染者数の上昇は著しいものがあります、次に死者数を発表します……」

アナウンサーが深刻な顔で読み上げる状況に嫌気がさして、テレビにリモコンを向けたが、どのチャンネルでも同じような内容ばかり流れている。

ポチポチとすべてのチャンネルを押し、ついには赤い電源ボタンを押してしまった。

「ちょっとお、なんで消すの」

母がぶつくさ言いながら、わたしの手からリモコンを取り上げてテレビの電源を入れた。それを尻目に、たたんだ洗濯物を自分の部屋に持っていって、敷きっぱなしの布団に寝転んだ。まだ4月なのに、空の色も日差しも夏に似ている。外に人通りはほとんどなくて、家族以外の人の声はテレビからしか聞こえない。異様な春だった。

契約更新をしなかったせいで、ひとり暮らしをしていた部屋は3月末で退去になった。スーツケースを片手に実家に戻っている途中で、夥しい数の人が並ぶドラッグストアを何軒も見かけた。電車にも人はほとんど乗っていなくて、乗っていたとしても白いマスクをつけ、悪いことをしたわけではないのに、罪と戦っているように身を小さくしているように映った。

実家に入ると母親に除菌スプレーをかけられて、ツンとするアルコールの匂いに思わず目を背けた。真剣な母親の顔が滑稽で、ここがフィクションの世界な気がしてくる。でもそんなわけはなくて、紙で手を切るとポツリと血が丸みを帯びて湧き、ティッシュで拭き取ると痛みを感じた。

夜になると、自室にこもってスマホを眺め、友達とメールをやりとりした。アメリカ、メキシコ、ブラジル、イタリア、ルワンダ……渡航した国の数が多ければ多いほど、知り合いも増える。そして、ＳＮＳから流れてくる海外の状況が、この流行病が与えた太刀打ちのできないダメージの大きさを実感させる。わたしたちが頑張るとかいう問題ではないんだと思った。それでも世界に散り散りに存在する知り合いのことが心配になって、誰も罹患していないことを願う日々を重ねた。

海外のレースはもちろん軒並み中止で、エントリー済みだったウィーン、プラハ、ルクセンブルクマラソンからはキャンセルのメールが届いた。

状況を加味したら仕方のないことだけど、あらためてメールの文面に目を這わせると、やっぱりつらい。なんだか自分を取り巻く環境が、いい方向に流れ始めた途端のこれだから、いかんせん悔しくなった。

悔しくなるだけではしゃくだったから、あんなに苦手で常時放置していたＳＮＳを更新することにした。今まで撮り溜めては、自らの記録としてただ保管されていたレースのデータを細切りにして、ＳＮＳに一言を添えて投稿する。得意な人からしたら何気ないことかもしれないけど、それから目を背け続けた人間には、砂漠を歩き続けるような長い作業に感じた。

それでも〝過去〟は、どうあがいても変えられないけれど、ここから何かを生み出すことによ

6　一進一退の攻防戦

って〝未来〟を明るいものにすることくらいはできる。大きなことはできなくても、日常に花を添えることで、日々の彩りを多少なりとも鮮やかにすることができると信じた。

　エッセンシャルワーカーに近い職種なので、自宅から電車で出勤する日々は変わらなかったけれど、普段は満員の山手線に、わたしだけしか乗っていないこともあり、外出先で昼食を食べようにも店はシャッターをおろしていた。

　著名人が相次いで亡くなったことが、日本人にとっては相当の打撃で、この流行病を自分のことのように認識する気配がぐっと広まった気がする。渋谷のスクランブル交差点もすれ違う人はほとんどおらず、銀座の街は閑散としていて歩行者のいない歩行者天国のようだった。

　状況が変わったのはゴールデンウィークを迎える前、4月の終わりの頃だった。

「正社員にならん？　それ以外は人件費の兼ね合いもあるから、切ろうと思ってんねん」

　上司に呼び出され、応接室の椅子に尻をつけたところでされた提案だった。

　この状況下で、会社としても非正規雇用を雇い続けるのは得策じゃないから、しばらく休みにしようと思うこと、けれどわたしや歴の長いパートさんを切るのは忍びないし、こちらも今まで世話になってきたから、これを機に正社員にならないかということだった。

「もちろん、海外に行ける状況になったら、いつでも前の形態に戻っていいから」

　今すぐに返答は難しいと思うから今週中に教えてな、と言って上司が出ていったあとも、わたしの背中と尻は応接室の椅子とくっついていた。

非正規雇用の状況が芳しくないのは、日々のニュースから察していた。

バイトのシフトに入れなくて困窮する大学生や、来週から来なくていいと言い渡されたパートの主婦が涙ながらに、生活苦を語っている映像が録画したみたいに頭に流れる。その番組を眺めていた母が、心配げな顔でわたしを横目に見ていたのも同時に思い出す。

正社員じゃないんだから、首切られちゃうんじゃないの、と浮かぶその目は雄弁だった。今すぐの返答は難しいと思う、なんて言われたけど、こんな状況で願ったり叶ったりな申し出に対して、なんて返すべきかなんて頭ではわかっている。

それなのに帰りの電車では頭がぐわんぐわんと揺れて、最寄駅で降りそびれてしまった。まだ状況が変わって2カ月くらいしか経っていない。わけのわからない怒りで心がヒリヒリして体に追いつかなかった。こらえていた涙がこぼれたけど、それにすらイラついて、手の甲で痛いほど目元を拭う。

すぐに家に帰る気にはなれなくて、どこかに入ってやり過ごそうかと思ったけれど、どこの店も閉めているのを思い出し、仕方なく帰路に足を沿わせた。

リビングで顔を合わせた母親が、「今日はこんなに罹患者がいたから」とまた消毒液を吹きかける。働いてきたのに雑菌扱いをされる、と憤っていたサラリーマンのＳＮＳが炎上していたのをふと思い出した。

「正社員になります、ゴールデンウィーク明けから。でも、1週間くらいお休みをいただきたいんで、正社員になるのは18日からでいいですか？」

上司にメッセージを送ると、ものの2、3分で「オッケー」と返ってきた。

約3年ぶりに正社員になるが、なんだか呆気なかった。それとは裏腹に、こぼれた涙はなんだかどろっとしていて粘っこい気がした。

両親に正社員になったことを伝えると、ふたりとも顔をほころばせて口々に「良かった」と言う。そんな会社ないんだから大事にしなさいよ、と体を揺らされる。

この苦しみを、誰もわかってくれない。叫び出したいのを我慢して、そうだね、とだけつぶやいて自室に戻り、電気もつけず膝を抱えて外の光で照らされた床の一部をじっと見つめた。iPhoneの電源は切っていた。外部と遮断されるのは、わたしが覚悟をするのに必要な時間だった。

正社員になって、ゆっくりと日々は変わった。

一般の当たり前が、わたしの当たり前にも少しずつ浸透して、もともとあった色を徐々に染めていく。週5日働くと、1カ月で決まった給料が振り込まれる。健康保険証も会社から支給された水色のに変わった。休みたいときは有給申請を必ずしなければいけないし、土日のありがたみが前に比べてよくわかるようになった。

梅雨を過ぎて夏の日差しが本格的に肌を焼く頃、賃貸のアパートの一室を借りた。渋谷区の笹塚と中野区の方南町の間にある、ユニットバスのついた小さなワンルームだ。

家賃は4万6000円。人に話すと、決まって「事故物件じゃないか」と疑われたけれど、不動産屋さんいわく特筆すべきことは何も起こっていないらしい。

小さい部屋だったけど、ひとりで暮らすには十分だったし、お湯も使えるしスイッチを押すと電気も点る。小さな冷蔵庫、電子レンジ、炊飯器のセットを2万円程度でそろえ、IKEAで購入したベッドを組み立てれば、海外で泊まっていたホステルよりも快適な生活ができた。

すさんでいく心

流行病も少し落ち着き始め、仕事が終わってから会社の人や友人と飲みにいくようにもなり、ほろ酔い加減で家路に着く日も増えた。

最初のうちは新しいことを覚えるほうが多かった仕事も徐々に慣れ、毎日同じことをこなせばお給料はもらえるし、営業配属なので新規案件を取れば歩合もついた。

6　一進一退の攻防戦

少しずつ一般の感覚がわたしを侵食していて、その侵食はひどく心地がよかった。

海外のレースをひとりで渡り歩いていた日々は、決定権のボールがつねに自分の手元にある状態だった。どの日程でどのレースを走るか、どこに宿泊するか、どの航空券を取得するか、どれくらいの費用がかかるか、そして、それを貯めるのにどれくらい働けばいいのか。

すべてを自分で決断したからには、すべて自分に責任が回ってくる。どんなトラブルに巻き込まれても自己責任だし、自分で解決する必要もある。決断するのは自由でもある一方で、その責任を負う疲労もあった。

それが一気になくなって、日々のルーティンをこなせば一定の収入が保障される生活は、気負うものがなくなって、頭が軽くなった。

決めることなんて、今日何を着るか、何を食べるか、仕事終わりに誰と会うか、休日に何をするかくらいになるし、たいした責任もない。自分が選んだランチが想像より美味しくなくて、少し悔しくなるくらいだ。

新鮮で、緩やかなモラトリアムだった。今まで日本にほとんどいなかったから、日本に帰ってきても大抵同じ人と交流するくらいだったけど、これを機に新しく出会った人たちと取るコミュニケーションはとても新鮮だった。

蜘蛛の巣が広がるように、いろんなコミュニティに顔を出し、いろんな人とつながっていく。

ランナーのコミュニティにも誘ってもらえて、母国語が通じる環境で走るのを体験したときは、走っているときに頭を働かさなくていい、感情を浮かんだままに伝えられることに感動した。

日々の生活が充実してきて、あんなに張り付いていた海外のレースの状況もあんまり検索しなくなっていた。どうせ今年は中止だし、来年から頑張ればいい。そうやって目を背け始めたのは２０２０年の夏の頃だった。

２０２１年になると、日本よりも流行病による被害が確実に多かった海外、とくに欧米での巻き返しが目を見張るほどに大きくなった。

２０２０年の暮れにワクチンが開発されたのだ。そこから年末にはアメリカで接種が始まり、それにヨーロッパも続いて、日々の状況を伝えてくる海外ニュースは、ポジティブな内容に変化していった。

春頃から欧米に住む友人からのレースに参加している写真が届くようになった。ワクチン接種が進んだおかげで、もうマスクをしなくてよくなったらしい。

久しぶりに42・195キロのレースを走ったこと。わたしたちの国は徐々に進んでいる、と自信に満ち溢れたメッセージがWhatsAppやメッセンジャーに舞い込んでくる。

飛行機で10時間ほどの距離なのに、日本の状況は打って変わって悲惨だ。死者数は低レベルに抑えられているのに、世界でいちばん死者を出したような雰囲気が渦巻いていた。マスクをせず外出をすると、凶悪犯を見るかのような視線に晒《さら》されるし、ほとんどの飲食店は相変わらず20時で閉店してしまう。集団での飲み会は忌避され、アクリル板越しに人と話すのに慣れきっていた。２０２０年に配布された布マスクは有効性が疑問視されて忌避するものとなり、入手困難だった不織布マスクは山積みになってドラッグストアに並び、人々の必需品と化していた。

少しずつ焦っていた。欧米のマラソンの事務局から、少しずつメールが届き始めていた。２０２１年はレースを開催すると伝えるメールだった。

何気なくエントリーしていたシカゴマラソンの出走権も当選してしまい、３００ドルほどすでに入金していたが、それも２０２１年に開催すると運営が力強いアナウンスをウェブサイトに載せていた。

日本の状況は遅々として変わらなかった。春のレースだけではなく、秋のレースなのに中止になったものもあった。とくに大型レースは軒並みの中止だった。２０２０年の大会が中止になって、返金ではなく翌年に振り替えをしたわたしにとって、この状況は芳しくなかった。

その状況を変えてくれるかもと、待ちわびていたワクチン接種を受けたのが5月の頃。

ワクチンは医療従事者を皮切りに2月頃から接種が進んでいたが、徐々に一般市民へと供給されていき、わたしの腕に細い針がようやく届いた。

これで何かが変わるかもしれない。そんな一縷《いちる》の望みを託していたワクチンを打ってからも、状況はほとんど変わらなかった。緊急事態宣言が何度にもわたって延長され、解除されたかと喜んでいたら、またすぐに宣言が発令される、いたちごっこのような日々が続いた。このせいで1964年以来の東京オリンピックは、無観客の味気ないものに変わった。夏フェスも2020年に続きほとんどが中止になった。

こんなはずじゃなかったのに。しつこい晩夏の湿気を脱ぎたくなるような、蒸し暑い夜。狭いワンルームで、久しぶりに英字のメールを打っていた。

日本語だけで生きるようになって、英語力には錆が生えてきて、一つひとつの言い回しをGoogleでチェックしながら打ち込む。

もう何度目かわからない緊急事態宣言の延長が決定した8月のことだった。予期はしていたことだけど、魂ここにあらずで仕事をなんとか終えたあと、六本木から自宅までの帰り道で、久しぶりに少しだけ泣いた。心がしんどい。

iPhoneに〝Bank of America Chicago Marathon - Participant update〟のメールが届いたのはこの前日だった。ランナーにワクチンの接種証明か3日以内の陰性証明の提出を求めたメッセージには運営からの想いが添付されていた。

〈あなたがトレーニングを積んでいるように、われわれ運営もあなたに安心安全で素晴らしい体験をシカゴマラソンでしてもらうための努力を積んでいる〉

6　一進一退の攻防戦

本レースを今年は決して中止にはさせない、その確固たる意志を漲《みなぎ》らせた文章だった。

日本でもワクチン接種がスタートしてから、早半年が過ぎた。幸いにも職域接種の対象になったわたしは8月に接種を2回とも終えており、ワクチンパスポートのニュースも巷で流れ始めた。

海外からは、9月、10月のレースはほぼ開催の方向で動いているメールがどんどん届き、あとは緊急事態宣言の解除、かつワクチンパスポート保持者の入国制限の免除を待つばかりだった。

そのニュースを今か今かと待ちわびて、毎日祈るようにYahoo!ニュースの主要の欄を眺めては落ち込むパターンを繰り返した。

オリンピックを終えてから、背筋に汗が垂れるような、嫌な予感はあった。

感染者の上昇を嘆くニュースばかりがSNSでも流れてきて、ニュースサイトを軒並みブロックして目に映らないようにした。けれど、そんなことで状況が変わるわけがなく、感染者数の上昇のため緊急事態宣言は延長を迎え、ワクチンパスポート保持者の入国の際の隔離免除は絶望的になった。

正社員を辞せば行けたのかもしれない。でも、それを拒んだのは、人々が信仰するように扱う一般の価値観から生まれる、ねっとりとまつわりつくような視線だ。

26歳の誕生日を過ぎた頃から、友人が軒並み結婚し始めた。

インスタのフィードに1週間に1回は、誰かの結婚報告や出産報告が波に混じって流れてくる。出産の平均年齢は30代にはなったけれど、アラサーの入り口段階でライフイベントのひとつを終えて、次のステップに進む人の数は想像以上に多い。

以前ならば羽虫のようにあしらえた言葉が、体にしつこくまとわりつくようになったのもこの頃だった。

そもそも海外のレースを自由奔放に走っていたときには、身を刺すような言葉を息を吐くように投げかけられることも少なかった。恵まれていたんだと思う。心をじわじわと侵食する傷痕が痛んで、その傷跡も目立つようになった。逃げたい、と感じても、日本の社会に一度沈んでしまうと、抜け出すのは泥水の中でもがくように苦しい。

〝普通〟に生きていくことを強制しようとする足枷がまとわりついて離さない。

「結婚とかはどうするん？　ちゃんと相手いるの？」

「女は30過ぎたらきついよ」

「子どもが産めるのにもリミットがあるからね」

男の人だけでなくて女の人も、心に石を投げてくる。その石の重さでわたしの心が、ずっしりと沈んでいく。

どうしてわたしは普通になれなかったのだろう。好きなことを追求して生きていこうと決めてしまったんだろう。なぜ、リミットがこんなにも存在しているんだろう。

ベッドのマットレスに身を沈ませ、重い頭でそんなことを考えて眠るたびに、朝はやってきて、仕事に向かう。仕事の忙しさは、考えなきゃいけないことも、よけいなこともまとめて殺してくれた。それでも帰路のバスに揺られて、少しだけ人の戻った渋谷の街を眺めながら、息を吹き返した重さに悩まされた。

そんな〝3歩進んで2歩下がる〟日々を送っている頃に、緊急事態宣言の延長が決まった。エントリー済みのレースはその段階ですべて開催予定だったけど、わたしが日本人で帰国の際の隔離要請がある以上、渡航が難しいため出場できない。

裏を返せばエントリー料の返金はゼロ。ウィーン、ローマ、マドリード、ヘルシンキ、シカゴ、総額10万円ほどが水泡に帰した。

今年もレースに出場することが厳しくて、しかもお金まで失った。もう〝普通の生活〟を選択するのもありなのかもしれない。

その思考回路になるくらいには疲れたし、そんな自分が悔しくてシーツに涙の大きな染みを夜につくり、朝起きるとその部分が薄く白んで少し硬くなった。

垣間見えた晴れ間

Google翻訳を駆使したメールがようやく完成して、紙飛行機（送信）のマークを押した。宛先はウィーンマラソンとシカゴマラソン、マドリードマラソンの運営事務局だ。

３通のメールの文面はほとんど同じだ。２０２０年からエントリーしていたこと、２０２１年のレースに出場する気でいたこと、ワクチンパスポートも取得済みであること、日本政府の方針で2週間の隔離がなくならないこと、自分は働いており2週間の休みを取得するのは不可能であること。そして願わくば、２０２２年に振り替えをしたいこと、それが叶わないのならば、２０２１年のレースへのエントリーをキャンセルしてほしいこと。

期待なんてしていない。ダメ元だった。それでもすぐにあきらめるのは、なんとなく違う気がしたから、メールを送信した。

最初に返信があったのは、シカゴマラソンだった。実に事務的なメッセージで、〈規約上、そのようなリクエストは受け付けられない〉と簡素に書かれていた。その次に届いたマドリードマラソンからのメッセージも似たようなものだった。運営の対応としては至極当然だ。

もうあきらめようと、心のささやきが大きくなっていた。やれることはやるだけ頑張ったじゃないか。両目からぼろぼろ涙がこぼれて、枕のカバーの色を濃くした。ここ最近、毎日のように流していた涙のせいで、枕カバーにはすでにいくつもの染みがあった。

そんななか、1通のメッセージが届いた。ウィーンマラソンの運営からだった。

〈メールを送ってくれてどうもありがとう。とても残念だけど、あなたが2022年に振り替えをしたいと聞いて嬉しく思います。2022年へのエントリーは20ユーロで振り替えが可能ですよ。あなたがエントリーしたことを確認できるものを送ってください。それを確認してから振り替えの処理を進めて、2022年のウィーンマラソンにエントリーするための登録コードを秋口に送ります。ちなみに、2022年のウィーンマラソンは4月24日開催です〉

仕事帰りに届いたメッセージを読んで、目の奥がじんわり熱くなり、小さく泣いた。

昨日までの涙とは違う種類の涙だ。死にかけだった身に、水を与えられた魚みたいに体が跳ねる。体の肉が小刻みに震えて、産毛が逆立っていた。たいしたことない、ただの善意のメッセージだ。小さなことに思うかもしれない。それでもわたしにとっては大きなことだった。

あきらめない、と腹を括ったのは、10月の頃だった。ウィーンマラソンのメールに歓喜したあの日、久しぶりに今まで走ったレースを記録した動画を見返した。

今となっては遠い場所になってしまった美しい景色や、体を踊らせるように走る人、時たま疲れたコーギーのようにだらしなく走る自分の姿が、その日のままに保存されていた。頭の底で化石みたいに埋もれていた記憶が揺れ動き、わたしの体を強固な芯が貫いて背筋を伸ばし、それとともに生きようと思わせる。あとは真っ直ぐに立つだけだ。4年前に、アパートの一室で伝えられたことが脳裏によぎった。

「頑張るんじゃなくて、負けない。これ、大事だね」

彼がつぶやいた言葉の意味を、ようやく今になって正しく理解できたのかもしれない。頑張るだけではどうにもならないことが、倒さなければいけない敵が、この世界には多すぎる。手にした武器で敵を叩き切っても、先の道は長く続いている。

だからこそ、負けない。途方もない道のりに、何度倒しても姿を変えて現れる敵に、どうしようもなくなる世界に、負けない。戦いきった先に、何があるのかはわからない。だけど、その果ての存在を認識できるのは、負けなかった者だけだ。

喉の両側が引っ付くような渇きで鼻の奥がツンと痛んだ。痛みで潤む視界のせいで、白色の蛍光灯がぼやけている。強い光に寄せられて羽虫が灯の中に入り込み、幾ばくかの間は活発に踊るように動いていたが、少しして動かなくなった。

あの羽虫のように、力尽きる最後まで動いてやろうじゃないか。普通じゃないかもしれない、世の中には受け入れられないかもしれない、それでもやってやろうじゃないか。負けるな、4年前の自分がわたしをじっと眺めているような気がした。２０２１年の中秋の頃だった。

第7章

再始動の春

青空のウィーン

「正社員辞めます、鈴木、飛びます！」

正社員になってから約2年が経つ頃、会議室で目をらんらんとさせて上司に宣言した。

「ほーええで。じゃあ今月から正社員じゃなくしとくわ」

とくに驚いた様子もなしにあっさりと了承した上司は、それだけかと白けた顔で会議室を出ていった。なんとも呆気ない、正社員の幕切れである。

会議室にひとり取り残されてしまい、ぼんやりと窓の向こうを眺めると、建設中のビルが随分と形を成していた。

正社員になってすぐの頃には何も建っていなかったところに、草のようにビルが生えている。過ぎた月日が長いのか短いのかはわからないけど、ビルはもう完成しそうで、わたしも歳を重ねたということだ。

辞める宣言をしても、正社員を辞した実感はあんまり湧かなかった。

仕事は毎日あるし、取引先のお客さんとの連絡もする。朝に出勤して、夜に退社する。退社してからの帰路で、スーパーに寄り道をして晩の食事を考える。日々はそこまで劇的に変わるもの

7　再始動の春

でもない。

ようやく実感を得られたのは、航空券の予約ボタンを押した瞬間だった。

数分後に届いた予約の確定メールを読んだら、喉が震えて目が熱くなった。ようやく、好きなように生きられる。17万2840円、久しぶりの高い買い物だった。

2022年4月22日。2年ぶりにパスポートに押された出国のスタンプの青いインクに涙が落ちた。

インクが滲んでしまうといけないから、指でページと目頭を拭った。

拭っても目頭の熱はこもったままで、飛行機の窓の外側を臨むとさらに熱を帯び、朱色のワンピースに染みをつくった。久しぶりに眺める羽田の工場夜景の輝きは変わらない。以前は撮ることもなかった窓の外に、たまらずカメラのシャッターを押した。

あれだけ必要といわれていたワクチン接種証明書に一瞥もされず、呆気なく入国のスタンプを押された。

ウィーンには以前一度来たことがある。2016年の冬、クリスマスマーケットを体験しに友人とやってきた。そのときの記憶を引っ張りだして、空港から市内までの電車のチケットをなんとか購入した。2年ぶりの海外のせいか、体も記憶も錆びていた。いつもの2倍くらいの時間をかけてホステルに辿り着いて、荷物を下ろしてベッドに一瞬沈み込んだ。

それから東京から着続けていた赤のワンピースを脱いで、シャワーを浴び、髪を乾かすと硬水のせいか髪が軋んだ。デニムにセーターを着込んで、軽く化粧をして、ロングフライトが終わったばかりなのに慌ただしく外に出る。

地下鉄に乗り込むと少しずつ体が記憶を取り戻し、さっきよりはスムーズに移動できた。4駅先について15分ほど歩くとMARX HALLE、展示会場があった。2年かけて辿り着いた、ずっと行きたかった場所だった。

展示会場に入ると、2年前にワープしたみたいだった。

たくさんの展示ブースがあって、エナジージェルの売り子をしているスタッフが試供品を渡してくれた。シューズの試し履きやマッサージ体験のブースはランナーで大賑わいだし、写真撮影用のパネルには長く伸びる列がくっついていた。

人の波に乗って、そのままゼッケンの受け取りブースに到着。3万人が参加するこの大会では、番号ごとにカウンターが分かれているので、自分のナンバーのカウンターに移動した。

にこやかに対応してくれるスタッフに軽い挨拶をして、パスポートを渡す。身分証の確認をして、わたしのゼッケンがバックヤードから現れ、預け入れバッグにもなるプラスチックのナップザックと一緒に手渡された。

7　再始動の春

6007。ようやく受け取れた数字を大事にナップザックに仕舞い込み、帰りの道でナップザックを握りしめて少し泣いた。


レース当日の天気は曇りときどき晴れ、少し肌寒い朝だった。

ホステルのリビングに行くと、ハーフマラソンを走る同い年くらいの女性ふたりがたまたまいたので、一緒に朝食を食べる。

ゼッケンをとめる安全ピンがなくて、どうしたものかと悩んでいたら、ひとりが1組を余分に持っていたので譲ってくれた。

そのまま3人でスタート地点方面に走る電車に乗り込むとランナーでぎゅうぎゅうになって、スタート地点に到着するときにはJRの埼京線のように混雑していた。

駅の構内を抜けると、3万人が走るレースだけあって、道に人が敷き詰められているみたいだ。ハーフマラソンのふたりとはここが分岐点、お互いの健闘を祈るハグをして、写真を撮ってから手を振って別れた。ウィーンマラソンもしっかりブロック分けがあるのだけれども、アルファベットではなく数字とスポンサー企業のロゴが目印になっていた。

わたしはブロック4、WIENER STADSTICH の会社のロゴに割り振られていたので、そのロゴがあるバルーンのゲートを目指す。初めて目にする仕組みだったたし、発想がイケてる。スタート地点の盛り上がりは、いかにも欧米のレースって感じで、以前と変わらず爆音の音楽を背景に、MCがひたすらに喋り続けていた。

周りのランナーも意気揚々としていて、音楽に合わせて踊っている姿すらもある。125カ国から集まるビッグレースだ、わたしと同じで、2020年と2021年を泣く泣くあきらめたランナーだってたくさんいるはずだ。

どのランナーも高揚していて、号砲を今か今かと待っていた。

「ツヴァイ！　アインス!!」

スタートのカウントダウンはドイツ語だった。最後の数字のあとに、スタートのトランペットが大きな音で鳴って、歓声がそれに呼応するように反響する。

少しだけ熱くなった目頭をぎゅっと手で押し込んで、スタートラインを踏んだ。両サイドにはたくさんの人がいて、音楽に負けない勢いで応援してくれている。スタートラインの横にあるビッグモニターは、カメラに向かって手を振るランナーの姿で埋め尽くされていた。

ただいま、って感じだ。2年間、味わうことがなかった瞬間に、ようやく戻ってこられた。待ちに待った42・195キロの1歩目の感覚を、これからずっと忘れたくないなあ。

ウィーンマラソンはその名のとおり、ウィーンの全部をお見せします系のマラソンだ。

シェーンブルン宮殿の前も、シュテファン大聖堂の前も、ケニア人ランナーのエリウド・キプ

7　再始動の春

チョゲがフルマラソン2時間切りをしたプラーター公園の中も、とにかく見所を詰め込んでる。レースを開始して2キロほどで、コースはプラーター公園の中に入るのだけれど、入り口のあたりで木々の隙間から流れてくる陽気なEDMが耳に入ってきた。

ウィーンマラソンは、radioFM4、ウィーンのラジオ局もスポンサードしているようで、ラジオ局によってDJブースがしっかり用意されている。

しかも結構手が込んだつくりで、ブースの色が光ったりもしていた。2キロ地点はまだどのランナーもまだまだ余裕。DJに手を振ったり、叫んだり、小刻みに揺れたり、それぞれの形でEDMに呼応していた。

ちなみにこのDJブース、ここだけじゃなくて、2、3キロごとに現われて、しかも、それぞれにコンセプトがあるのか、アヒルのどでかいバルーンに囲まれているDJブースもあったりしてめちゃめちゃ可愛い。

森を抜けると街中に入るのもあって、沿道の人はさらに増え、歓声もそれに比例して大きくなる。この日はコース上のトラムをすべてストップさせるから、普段トラムが走る線路の中を走れる。日本だと法律に引っかかるのかもしれないけれど、こちらではそんなのを規制する法律もないみたいだ。しかも、路上飲酒がオッケーなのか、ビール缶を片手にゴミ箱の上に乗って応援してくれる大学生もいて、とにかくフリーダムだった。

街中を走っていると、応援しながら沿道に立つ人が、子どもだけでなくて大人も、手を伸ばしてハイタッチしてくれた。

このハイタッチ、欧米ではよくやってもらえる応援方法のひとつで、するととても元気になる。新型コロナのパンデミックのあとだから、知らない人との接触は避けられたりするのかな、なんてぼんやり思っていたけれど、そんなことはないようで、たくさんのキッズ、大人がハイタッチしてくれて、そのたびに手に伝わる温もりが力になり、足が少し元気になった気がした。

ハーフ地点を通り過ぎても、ランナーの数は減らない。ウィーンマラソンでは、フルマラソンのランナーがマジョリティみたいだ。

25キロを過ぎると、またプラーター公園に戻ってくる。2キロ地点でも出会ったDJが、さっきとは違うEDMをかけていた。2キロのときよりもランナーの元気はないけど、沿道の人がDJブースの横でノリノリで踊ってて、こっちも元気になる。

ここからのコースは、フルマラソンの世界記録保持者のキプチョゲが、非公認ながら人類史上初めてフルマラソンを2時間切ったコースの一部で、ところどころにその当時の写真が垂らされていた。陸上ファンにしたらたまらないコースなんだろうな。

公園内は街中に比べると数段静かになるのだけれども、ところどころにたぶん自宅から持ってきてくれたコンポで音楽をかけてくれる人が沿道にいる。音楽に不足はない。ちなみに、街中にも自分のコンポを持ってきて応援してくれる人がたくさんいた（しかも、コンポの大きさが、全部でかい）。

公園を過ぎるとゴールはもうすぐ。ずっと曇りだった空模様の隙間から、スカイブルーが覗くようになって、日差しがまぶしくなった。

バルーントンネルがいくつか用意されていて、チアダンスを踊るガールズの横を通り抜けると、ゴールまでは一直線だった。

レース中にずっと動画を撮っていたGoProを観客のほうへ向けると、ノリノリで踊ってくれる女の子、手を振ってくれる若い集団、すでに完走してコースに座りながら手を揺らすランナーたちが、その中に映っていた。

残りの200メートルで、走馬灯のように今までのことを思い出した。

走れないことが本当に悔しかった夜、メールを読んで携帯を握りしめた帰り道、ウィーンの空港に降り立った朝、ゼッケンを受け取った展示場、スタートモニターに映るランナー、沿道の人のハイタッチ、流れる音楽……。

本当に、このマラソンを走れてよかった。待っていてくれてありがとう、ウィーンマラソン。

ゴールラインを踏んで見上げた空はスカイブルー、その青が滲んで、少し白くなった視界にスワロフスキーのはまったメダルがぼやけて映った。

国境なき酔っ払い

ウィーンマラソンを皮切りに、怒濤の勢いでヨーロッパのマラソンを渡り歩いた。プラハマラソン、コペンハーゲンマラソン、ルクセンブルクナイトマラソン。もはやその国における観光地の聖地であろう箇所を走りまくったおかげで、大抵の箇所は「そこ行ったよ〜」と言える。プラハの旧市街、コペンハーゲンのニューハウン、ルクセンブルクのアドルフ橋、あげればキリがない。

そんななか、ひとつ特殊なレースを走った。

コペンハーゲンマラソンとルクセンブルクマラソンの間の週、ベルギーで開催されたマラソンだ。

そのレース名を目にした瞬間にエントリーしていた。ビールラバーズマラソン。タイトルからどんなレースかが伺える。参加に対するアドバイスをするのならば、ウコン茶は日本から携えることだ。

メドックマラソンは、テレビ番組でも取り上げられるくらいのマラソンなので、ご存じの人も多いかもしれない。フランスのボルドーで行われるマラソンで、給水所でワインとフルコースみたいな料理が振る舞われる、ワイン飲み放題マラソンだ。

50カ国以上から８０００人ものランナーが、ワインを飲みながら走るためにボルドーに集結する。ちなみに酔っ払って真っ直ぐ走れなくなるせいで、〝世界でいちばん長距離を走らないといけないマラソン〟と呼ばれているみたいだ。

これのビールバージョンが、ビールの聖地ベルギーで開催されていたのだ。ビールラバーズマラソン。訳すとそのまま〝ビールを愛する者のマラソン〟だ。

すでに4月22日にウィーン、5月8日にプラハ、15日にコペンハーゲン、そして２０２０年から振り替えたルクセンブルク（２０２１年も中止だったため、２０２２年に自動的に振り替えられた）を28日に走るのは決まっていた。

だから、４週目を埋めるべくレース探しのネットサーフィンをしていると、パンチのある名前のマラソンが、ひっそりと埋もれているのを見つけた。

ホームページに飛んで要項を確認する。うん、やばいわこれ。

「パーティーは週末ずっと続くぜ！」

運営のテンションが高い。ホームページのつくり込みが緩いのは、運営の緩さからくるに違いない。

ベルギーのリエージュという、ブリュッセルから電車で1時間ほどの街で開催されるこのレース、走りながら15種類のベルギーの地ビールを飲み比べできるらしい。
もちろん走る距離は42・195キロ、2〜3キロごとにビールを飲む計算だ。

レースの年度でテーマがあるらしく、今年は1990年代エディション。そのテーマに沿ったコスプレをして走ることが推奨されていて、コスチュームコンテストもあるようだ。前年度の写真がアップロードされていたので覗いてみた。

写真のランナー、全員キマってる。確実にいえるのは、誰ひとりとしてシラフじゃない。シラフの写真がスタート地点を除いて1枚も存在しなかった。もはやスタート地点もシラフかどうか怪しい。

ちなみに、前日に開催されるパスタパーティーの時間は19〜23時の間、ビール飲み放題、42・195キロを走る前日にやるパーティーじゃない。そのくせレースの制限時間は6時間30分、アルコールが体を巡った状態で走る割には意外と厳しい。

酒は好きだ。そしてビールも好きだ。

大学生の頃は、喉を炭酸でひりつかせるこの苦い飲み物が大嫌いだった。それが今では、仕事終わりの居酒屋さんで頼む最初の一声は「とりあえず生で！」。人間の味覚は歳を重ねるたびに変わる。

ビール15種類、上等、全部飲んでやる、そんでもって42・195キロを走りきろうじゃん。エントリーはもちろん、パスタパーティーに参加するチケットも買った。とことん飲むつもりだった。

　ブリュッセルからリエージュまではバスに揺られた。電車の半額だし、時間も1時間くらい多くなるだけだったからだ。バス停でもあるリエージュの駅は近未来的な造りで、ＳＦ映画でよくあるスペースシップみたいな形をしていた。

　街並みも伝統のある石造りの建物よりは、最近建てられたようなビルやマンションが目立つ。観光客らしい姿もほとんどおらず、やわらかい風が吹く公園では、シートを広げた家族連れがしゃぼん玉を飛ばしたり、若いカップルが芝生で絡み合って眠ったりしている。こんな穏やかな街を、泥酔したランナーが駆け巡る。

　点と点が結びつかない、だけど公園に伸びるこの橋の上で、上半身裸の男がビールを飲んで満面の笑みを浮かべている写真が、ホームページ上にあった。

　ゼッケンの受け取りも、パスタパーティーも、スタートもゴールもすべて同じ王立図書館で開催された。勉学の場である図書館をビールの飲み放題会場にするセンスよ。

　体育館みたいな場所でゼッケンをもらうと、プラスチックカップとそれを腰に下げるためのベルトを一緒に渡される。エコの観点からなのか、ビールを飲むカップは各自で持参して走る。

　カップには１００ミリリットルのところにBeer、２００ミリリットルのところにWaterとメモリがプリントがされている、泥酔を防ぐ微々たる対策だ。

さっそくそのカップで1杯目のビールを。ゼッケン受け取りのカウンターの横にはビールサーバーが何台も並んでいて、パスタパーティーで浴びるほど飲めるのに、ビールが飛ぶように売れていた。

会場にいるほとんどがすでにハイになっている状態で、ゼッケンと写真を撮ってほしいと近くにいた人に頼むと、なぜかその人の所属するチーム全体と写真を撮ることになった。

もちろん、片手にはビールがしっかり握られている。流されるままに乾杯をしてビールを飲み干した。

パスタパーティーは大盛況で、パスタが提供される以外は、ビールが飲み放題のダンスクラブと同義だった。

わたしは22時くらいに宿に戻ったけれど、パーティーは23時まで続いたらしい。

飲んだビールは何杯かも覚えていないけれど、こんなに飲んだ翌日に42・195キロを走るのは人生で初めてだった。

ホステルに戻ってからミネラルウォーターを死ぬほど飲んだのが功を奏したのか、二日酔いにはなっていなかった。レース当日に二日酔いは笑えないから一安心だ。天気予報は曇りだったけれど、空は雲ひとつない晴れっぷり。気温もさらに上がるようで、さぞビールが美味しく感じるに違いない。

うん、42・195キロ走りながらなんだけどね、飲むのが。酔い止めなんてものはなく、信じるのは自分の肝臓のみ。もはや脚よりも肝臓のほうが心配だった。泥酔して走れなくならないように、ルールを決めた。ビールと同じ量の水を飲むことだ。

ベルギーの地ビールは日本のビールに比べてアルコール度数が2倍くらい高いけど、お手洗いの回数が増える可能性はあるが、完走できないよりはマシ、苦肉の策だ。

終わりなき飲み放題

スタート地点に行くと、まだランナーはシラフなのにお祭り状態だった。

コスチューム賞があるからか、多くのランナーがコスプレに身を包んで集合している。日本のコスプレはそのクオリティの高さで注目されることが多いが、このレースのコスプレは「仮装大賞」チック、笑いに全振りをしたコスプレが多い。

ライフセーバーのコスプレをする集団はなぜか巨大なボートの浮き輪を持っているし、いい歳のおじさんふたりがセーラームーンの制服に身を包んでいた。ウルバリンの格好をしている男の人もいるし、ドラゴンボールの悟空はすでに3人見かけた。

もちろんコスプレをしていないランナーもいるけれど、コスプレのランナーが目立ちすぎ、存在感が薄くなっていた。

日曜の朝9時、市街地からスタートなのに、爆音でダンスミュージックが流れる。海外のレースを走るといつも思うが、日本と違って騒音条例なるものはないのだろうか。

そんな爆音ミュージックがでかすぎてカウントダウンもよく聞こえないままに、レースはスタート、ここから長い長い飲み放題が始まった。

コースはリエージュを流れるマース川に沿って街をぐるっと巡る。カットオフは6時間30分、前半20キロを2時間で走れば、残りは徒歩でも余裕がある。完走までのタイムスケジュールを頭の中で計算したが、その計算は開始2キロでもろくも崩れ去った。

最初の2キロ地点のエイドステーションで、早速ビールのおでましだ。ビールは想定範囲内。だけども、チョコクロワッサンって早くない？　あと砂糖がたっぷりまぶしてあるドーナツ。「ブレックファーストにどうぞ」と雑に書かれた段ボールが机に置いてある。カップにビールを注いでもらって、片手にビール、片手にチョコクロワッサンを持って歩き飲みをした。大幅なタイムロスだ。こんなにエイドステーションが飛ばしてくるなんてのは、ホームページにいっさい書いてなかった。

口を一生懸命動かし、クロワッサンを咀嚼してビールで流し込む。周りのランナーも同じ状態に陥っていて、もはやランニングではなくウォーキング大会になっている。それでも先は長い、クロワッサンを飲み込んでゆるゆると走り始めた。

走りながらなぜかずっと音楽が聞こえるのは、ランナーの誰かがコンポを担ぎながら走っているからだった。

5キロのエイドステーションは顔サイズのビスケットにビール、さっきと同じように咀嚼して飲み込む。エイドステーションにはＤＪがいて、まだ5キロの段階でダンスパーティーが始まっていた。ビールを注ぐスタッフは、カップのビールの線のところになると「モア？　モア？」と尋ねてくる。落ち着け、まだその時間じゃない。

とりあえずビールでビスケットを流し込んで、ひたすら走った。ダンスパーティー会場と化しているエイドステーションとは裏腹に、川沿いを走るコースはひたすらに静かだった。日差しが肌を焼いて、チリチリと痛んだ。

11キロに到達したくらいから、かすかにダンスミュージックが聞こえ始めた。

次のエイドステーションは12キロ、まだ1キロくらいある。近づくにつれダンスミュージックは大きくなり、エイドステーションの全容を目にして、

「オーマイガー……」

とアメリカ人のようなリアクションをしてしまった。

林道にあるトンネルがミラーボールを反射して7色に光り輝いていた。さらに奥へ進むと立派なDJブースがあって、ダンスフロア状態になっていた。

スタッフにビールを注いでもらいつつ、暗闇で光る蛍光色の腕輪を渡される。幼い頃に東京ディズニーランドで親に欲しいとねだったやつだ。

すでに到着しているランナーの腕は蛍光色に光り輝いていて、腕輪を3つつなげて首飾りにしているランナーもいる。クラブのダンスフロアで耳にするような雄叫びがトンネル内にひたすらこだましていた。もはやクラブだ、エレクトリカルパレードだ。ちなみにビールのつまみはベルギーワッフル。腹に溜まる。

なぜかビールをおかわりしてしまい、ベルギーワッフルをもうひとつ頬張って先に進んだ。しかし、ここからのコースが、もう酔っ払いに走らせるコースじゃなかった。

このレースはマラソンのはずなのに、コースがところどころトレイルランニングになっている。しかも結構急な傾斜だ。山道を走らされるなんてまったく聞いていない。

山道をなんとか走り終え、3杯ほどのビールを飲み干し、なんとかハーフ地点に到着した。ハーフ地点だけあって盛り上がりもハイになっていて、ビールを注ぐスタッフが踊っている。踊りながら注がれたビールと一緒に振る舞われたのはバスクチーズケーキだった。そのチョイスよ。

ハーフ地点で何杯目のビールを飲んだか報告するストーリーをインスタに投稿していたのだけれども、呂律が若干回っていなかった。

折り返してからのコースは目を疑うほどのハードさだった。コースマップに小さくある高低差の図が、ハーフ以降から心電図のようになっていて恐れはしていたのだけれども、現実に起こると直視できない。

階段だった。１００段以上の階段が待ち受けていた。地獄だ。

「ホーリーシット……」

隣のシンプソンズが頭を抱えていた。

酔っ払いと階段は非常に相性が悪い。階段の途中で止まってしまうブライアン・メイもいたし、階段で寝始めたキャプテン・アメリカもいた。沿道の人が面白がってインスタのストーリーでその様子を配信している。長い長い階段にわたしたちは敗れそうだった。

「カモンガイズ、ビアースン！」

敗れなかったのは、その先のビールを飲むため。こんなつらくてめまいがするようなコースのあとのビールは、うまい以外の何ものでもないはずだ。ビール柄のジャケットを着たベルギー人のおじさんと手を取り合って、１歩、１歩積み上げてはしゃがみ込むを繰り返して、ようやく頂点に到達した。ビールも最高だった。スタッフも理解しているのか、何も言わずにWaterのラインまでビールを注いでくれた。

もはやカップにあるBeerのラインはないも同然だ。付け合わせは生ハムとメロン、汗をかいた体に塩気とビールが最高だった。ダンスミュージックは鳴り止まない。生ハムとビールを片手に踊りまくって、もう1杯ビールを飲んだ。自分の首を自分で絞めるとはこのことだと思う。ビールを飲み干して生ハムを噛み締めながら進む。

ハーフを過ぎてからというものの、エイドステーションが2キロに1回の割合で増設されて、ビールを喉に流す回数が増えた。怒濤の追い込みってやつなのか。

30キロすぎのエイドステーションは、もはや意味がわからなかった。

「ドゥーユーワナ、シューティングゲーム？」

そう尋ねてくるスタッフの手には、ゲームセンターでよく目にするおもちゃの銃が握られている。意味がわからない。ビールを飲みながら説明を聞くことにした。

まとめると、コースの中に的を設置してあって、音が鳴ると撃ったってことになるから、たくさん探して撃ってみてね、ちなみにポイントとかは計算できないよってことだった。もはやゲームですらない。

銃を渡されたので、そいつを片手にコースを走る。羊がいる草原の中に赤い布が落ちていると思ったら、ライフセーバーのコスプレをしたおじさんが羊に囲まれて寝ていた。

銃を向けトリガーを引く。音はしなかったので、的ではない、ただ泥酔してるだけのようだ。的を撃つとたしかに音がした。けれどもそれだけだった。ほかに銃を持つランナーも最初の1、2発で飽きたのか、もはや銃を担いでいた。
2、3キロの周回コースを戻って銃を返却して腕時計に目をやると、すでに4時間半が経過していた。タイムリミットは残り2時間、残るエイドステーションは3カ所。
「あれ、やばくない？　これ」

冷静に考えてこのペースで行ったら間に合わない。エイドステーションは相変わらずダンスフロアと化してるし、残りのランナーはまだまだいるのだけれども、制限時間は大丈夫なのか。

とりあえず先を目指さなければ。久々にしっかり走ろうとすると、頭がぐらぐらした。ビールの酔いがついにやってきたような気がする。酔っ払っているはずなのに、まだまだ飲み足りない。次のエイドステーションでビールを補給しないと。思考回路はショート寸前だ。

32キロと34キロでしっかりアルコールを補給した。つまみはサラミとチーズ、最高だ。もうスタッフも飲んでいるのか、ピッチャーの中のビールをこぼしながら踊っている。

1990年代のBLUEが爆音で流れていて、ライフセーバーがもう気が狂ったみたいに飛び跳ねていた。遅れてやってきたシンプソンズ集団が加わると、もうそこはカオスだった。そのとき撮影した動画を見返すと、シンプソンズのおじさんの顔面しか映っていなかった。

残り1時間を切りそうになっていることに気づき、もつれる足で必死に走った。

「走らないと、飲まないと、走らないと、飲まないと」

ふらつきながら向かった36キロ地点では、揚げたてのフライドポテトとビールがセットで用意されていた。運営はもはや完走させる気なんてないのかもしれない。ポテトは普通に日本のマクドナルドのLサイズくらいの量がある。

ビールが意味わからないスピードで進む。目の前では、孫悟空がポテトを頬張りながらリズミカルにダンスをしている。「スーパーマリオ」のルイージが、ポテトが揚がるのをらんらんとした目で見つめていた。

40キロのエイドステーションは船の上、カップにはなみなみとビールが注がれた。

ゴールまで残り2キロ、さすがに食べ物はない。すでに食べすぎて胃がはち切れそうだ。何杯目かわからないビールを飲んで、残りの2キロを懸命に進む。

前には「スリラー」のマイケル・ジャクソンがふらつきながら走っていた。わたしの足もふらついている。ここまで来るのに飲んだビールは15杯以上、正確なカウントはもうできなかった。

ビールの〝泡〟とかけたのか、ゴール地点はなぜかシャボンの泡まみれだった。大学生の頃に流行ったバブルランがふと頭をよぎる。そんなことより、喉が渇いた、ビールが飲みたい。

全身泡まみれになってゴールすると、「ゲームボーイ」を模したメダルをかけられて、カップにビールが注がれた。もはやリミットなんてない。これで飲みたいだけ飲める。完走タイムは5時間58分38秒！

そのあとも千鳥足のランナーがゴールしては、ビールを求めてサーバーに列をなす。どんなに飲んでも乾きが足りない。酒好きに国境はないのだ。

パーティーは、最後のランナーが到着するまで続くのか、ランナーが飲めなくなるまで続くのかはわからない。

けれども後日、ホームページで結果を確認したら、わたしの順位はトップ10パーセントに含まれていた。ちなみに、最終ランナーのタイムは8時間49分。もはや徒歩である。

どうやってホステルまで戻ったのかはあんまり覚えていない。けれども、思う存分ビールを飲んだのだけは確かだった。レースの翌日、まぶしい日差しで目が覚めると、頭がぐらぐらして体がひどく重く感じる。

思い返せば、レースの途中から水を飲むことをすっかり忘れていた。この具合の悪さ、まごうことなき二日酔いだった。

盟友との再会

うだるような夏の熱気がわたしの体を焦がし殺そうとする頃、1通のメッセージがメッセンジャーに届いた。送信元はアメリカのロンネルさん。

「ベルリンマラソンのTシャツ、つくろう！」

ことの始まりは2020年10月だった。パタゴニアマラソンのあとにつくられたThe Adventurous Maniacs のメッセンジャーからだった。

「2021年のベルリンマラソン、チームでエントリーしようよ！」

言いだしたのはロンネルさんだ。わたしとトーマスで出場した1月のウォルトディズニーワールドマラソンウィークエンドに出場できなかったことが、相当悔しかったらしい。

オッケーと返事をしたときには、ベルリンマラソンへのチームエントリーのための承認コードがロンネルさんによってすでに作成済みだった。

ロンネルさんから送られてきた承認コードを入力すると、#Adventurousmaniacs の名前が表示される。ロンネルさんはこのチーム名をかなり気に入ってるようだ。

結局、2021年のエントリーには落選した。チームでエントリーするメリットは、当選も落選も運命共同体、どっちかだけ当選する地獄の状況は生み得ないことだ。

こうなったら、２０２２年を目指して再びチームでエントリーするしかない。相変わらずロンネルさんがチーム承認コードを瞬時に作成してくれる。アクセスコードを然るべき場所に入力すると、Marverousmaniacs にチーム名が変わっているのに気づいた（ロンネルさんはマーベルファンになったのかもしれない）。

11月に届いた抽選結果は、見事当選。メッセンジャー上でロンネルさんと祝い散らかした。シカゴマラソンへの渡航をあきらめた時期と被っていたわたしにとって、久しぶりの喜ばしいニュースだった。

「いけてるＴシャツがいいな、日本はオーダーメイドで作成できる？」

「どうだろ、ＵＮＩＱＬＯでそういうサービスがあった気もする」

「日本のＵＮＩＱＬＯはそんなサービスもあるの？　クール……」

ロンネルさんは意外と凝り性で、デザインや布のカラー、文字の色に関しても細かく指定があった。

ボストンマラソンのように胸元の文字は BERLIN BOUND にして、背面のロゴはそれぞれの国旗にしよう。文字の色は明るいイエローで、文字はなるべくポップに、BERLIN BOUND の下の部分には２０２２も忘れずに入れよう。それから、Ｔシャツよりも袖なしのタンクトップのほうがいいな。

このオーダーの多さにUNIQLOでの作成はあきらめた。簡易なプリントTシャツならUNIQLO一択だったが、これは注文が多すぎる。業者を探してみると、1枚あたり4000円ほどで作成してくれるところを発見して、これ幸いとオーダーした。

できあがりまでは5日間、土日を挟むと1週間、アナウンスどおりの日程に届いて日本のクオリティの高さを実感する。ロンネルさんに値段とできあがる日程を伝えると、「アンビリーバボー」しか言わなくなった。

そこそこにクオリティの高いタンクトップが届いたのは9月初旬、渡航の2週間ほど前。おそろいの服で何かをするのは、大学の頃に流行った〝制服ディズニー〟以来だ。

しかも、その相手に直接会ったのは、パタゴニアマラソンの1回きりだ。それなのに走ることを縁にしておそろいのタンクトップをつくるまでになるなんて、人生は想像できない。

人生初めてのベルリンに到着したのは、深夜0時過ぎだった。

前途多難。この一言に尽きる道のりだった。フランクフルトまで飛んで、そこから電車でベルリンを目指す予定が、飛行機が遅延。電車に間に合うかアゼルバイジャンの上空でヒヤヒヤしていると、ドイツ鉄道から電車自体がキャンセルになるメッセージが届いた。

フランクフルトに到着した瞬間にバックパックを背中に猛ダッシュ、電車の振り替えをしてもらうも、振り替えられた列車の出発はなんと4分後。必死に走って乗り込んだけれど、今度はベルリン行きの電車が遅延した。

30分遅延してようやくベルリンに向けて電車が動き出して一安心、地獄の様相だ。電車が時間どおりにくる日本が恋しい、もう帰国したい。

お日様が昇ってきても、トラブルは続いた。目覚めたら日本で購入してきたＳＩＭカードが使えなくなっていた。ＳＩＭカードを何度も抜き差ししても電波が入らない。４０００円も払ったのに。仕方ないから、VodafoneでＳＩＭカードを購入した。57ユーロなり。しんどい。それでも悲しきかな、４Gのつながった iPhone を目にするとひどく安心する。世はインターネット社会。ネットのつながりから遮断されたら生きていけなくなる気さえする。

心臓が再び動きだすみたいにピコンピコンと通知音を鳴らせる画面を確認して、ひとまずホステルに戻ることにした。

ちょうど3年ぶりの再会まで、２時間を切っていた。


「ユウリサン！」

3年ぶりのロンネルさんは、パタゴニアマラソンの続きみたいに、何にも変わってなかった。ロンネルさんの満面の笑みは、あの日の写真のまんまで嬉しくなる。駆け寄って3年ぶりのハグをした。話したいことがたくさんあったし、聞きたいこともたくさんあった。

ロンネルさんはベルリンマラソンのついでにご家族とヨーロッパを旅行している最中で、お母さんと妹さん、そしてロンネルさんのお友達と夕食をともにした。お店はイタリアン。パスタはマラソン前のカーボローディングに最適だ。

パスタを待っている間、わたしたちは離れていた3年間を埋めるように会話をしていた。ロンネルさんはパンデミックの最中に仕事を変えたらしい。パンデミックの間はアメリカのレースに精力的に参加して、ボストンマラソンにも出場していた。

「それで、ユウリサン、今回はレースをあといくつ走るんだい?」

一応6つの予定で、ベルリンとザグレブ、ブダペストとアムステルダムにリュブリャナ、最後にフランクフルト、と答えると、ロンネルさんがパスタ用のフォークを床に落とした。芸人のようなリアクションをするアメリカ人だ。

「アーユーキディングミー?(冗談でしょ?)」

4月から5月にかけて、ヨーロッパで5つのレースに出場したのをメッセンジャーでロンネルさんに伝えたときも、同じセリフを送ってきた。

冗談でもなんでもないよ、と言いつつ、サーブされたサーモンとほうれん草のパスタを頬張る。欧米の外食は量も味の濃さも日本の2倍で、クリームパスタを頼んだことを少し後悔した。胃もたれしちゃいそうだ。ロンネルさんはあんぐりと口を開けて驚いたあと、その開いた口にパスタを突っ込んでいた。

　そのあとロンネルさんのお母さんが食べきれなかったトマトパスタを、カーボローディングと銘打ってロンネルさんとふたりでやっつけることになった。

　トマト美味しい、と言いながら必死にパスタを口に運んでいると、その語呂が気に入ったのか、ロンネルさんも、「トマトオイシイ」とつぶやきながら、パスタを頬張っていた。

「あ、そうそう！　タンクトップ!!」

　パスタを食べ終わって膨れ上がった胃を休めているときに、タンクトップを渡すことを思い出した。

　麻の袋に入れたおそろいのタンクトップを取り出して、ロンネルさんの胸に押し付けた。

「アアアアアア！　アメイジング!!」

　渡して数秒でアメリカンな反応をしてくれて、こっちも気持ちがいい。ロンネルさんは満面の笑みでタンクトップを握り締め、

「ユウリサン、アリガト！」

　と椅子から身を乗り出してハグをしてきた。注文しただけでこんな喜んでもらえると、自己肯定感が高まる。

グレーのタンクトップに、BOSTON BOUND ではなくて BERLIN BOUND と黄色の文字が胸元にある。背面には YURI SAN と RONNEL SAN とそれぞれの名前をでかでかと印刷してもらった。

このおそろいのタンクトップで、わたしたちはベルリンをともに走る。

翌日の朝にスタート地点で合流する約束をして、ロンネルさんとは早めに解散した。

パスタを食べているときに少しだけ降った小雨は止んでいて、しっとりした空気だけが残った。空に月がはっきりと浮かんでいる。明日の天気予報は霧雨だけれども、雲がかかっていないからきっと晴れるはずだ。

わたしたちの3年ぶりのレース、晴れにしてもらわなきゃ、困っちゃうんだから。

歓喜のブランデンブルク門

レース当日の朝から、大惨事だった。

目覚めると鏡の中の髪の毛が爆発していたので、シャワーを浴びてタオルで体を拭いていたら、

7　再始動の春

足の上を何かが蠢《うごめ》いている感覚がする。

足元に目を下ろしても、眼鏡をかけていないし、コンタクトもしていないから、いまいち何がいるかわからない。感覚が気持ち悪いので足を振って落とそうとした瞬間に、チクッと何かに刺された感覚がした。それから数秒して痛みが足に広がる。

え、どうした、と動揺しながら、急いで眼鏡をかけると、アブのような虫の死骸が足の横に落ちていた。

刺された足がひどく痛んで涙が溢れ出た。とりあえず手持ちの虫刺されを気休めに塗って、Google 先生で虫刺されへの対処法を調べる。ステロイドが効果的と検索結果にあったので、手持ちのステロイドの軟膏を赤くなった箇所に塗った。

ベルリンとはことごとく相性が合わないようだ。マラソン前にアブに刺されるなんて、なかなか体験することじゃない。

足がジクジク痛むけど、気を取り直してロンネルさんとおそろいのタンクトップを着て、スタート地点に向かった。

スタート地点までの道は、Google Map を開かなくてもすぐにわかった。だって、ベルリンマラソンを走るランナーで道がいっぱいだ。さすがマラソンメジャーズ、5万人が参加するレースは伊達じゃなかった。

ロンネルさんはわたしがスタート地点に向かおうとしたときに、すでに到着していた。今は長い長いトイレへの行列にチャレンジ中らしい。

スタートエリアの大部分はランナーしか入れない。ゼッケンを受け取った際に問答無用でつけられた腕のリストバンドが確認できないと、進入できないシステムになっていた。それで選別したとしても5万人が集結しているわけで、スタートエリアは人でいっぱいだ。

「ユウリサン！」

合流したロンネルさんはすでにタンクトップ姿で、蛍光オレンジのウインドブレーカーを羽織っているわたしとはえらい違いだ。パタゴニアマラソンのときも、薄いフリースだったから、この程度の気温じゃ寒さを感じないのかもしれない。

スタートエリアの後ろに堂々と立つライヒスターク、議会議事堂を背景に記念撮影をすることにした。せっかくおそろいのタンクトップを着ているのを、顔がきれいなうちに撮っておきたい。各々の写真を撮ったり、ペアで撮ってもらったりで30枚くらいを撮影した。それでもパタゴニアのときよりも写真へのこだわりは減ったようだ。

ちなみに、ロンネルさんのベストタイムは3時間を切っているので、わたしとはブロックが全然違う。ロンネルさんのブロックはC、わたしのブロックはHだ。

ブロックでの分かれ道でお互いの健闘を祈るハイタッチとハグをして、わたしたちはバラバラの方向へ進む。ロンネルさんは夏頃に足を痛めたらしく、４時間半のフィニッシュを目指していたので、４時間半ならわたしも間に合うタイムだし、ゴール地点で待ち合わせようと約束した。

けれどもここで、大誤算が発生した。

「Ｈのスタートは10時過ぎ頃だから、バスルームが不安な人は行っておくように」

スタッフのアナウンスに耳を疑う。10時過ぎ？　エリートやＡブロックのスタートタイムは９時15分、そこからわたしたちがスタートするまで45分かかるらしい。約５万人が出走するマラソンメジャーズを舐めていた。

ロンネルさんはＣブロックだから９時30分くらいにはスタートするようで、この段階でわたしたちに30分の差がつく。ロンネルさんはアメリカ人らしく結構自由人なので、先にホテルに戻ってしまうかもしれない。仕方ない、42・195キロを走ったあとはすぐシャワー浴びたい。

スタート地点ではビッグモニターがいくつも設置されていて、スタート横のステージでＭＣが盛り上げている様子や、エリートランナーの紹介、各地からのランナーのインタビューがランダムに流れていた。

キプチョゲが紹介されると、盛り上がりは最高潮。なんせ世界記録保持者、しかもこのコースで世界記録を叩き出しているのだから、周りの期待も大きくなるのは当たり前だ。

スタートのカウントダウンはしっかりイングリッシュ。号砲を鳴らすピストルを撃つ女性の姿がモニターに映し出されて、3、2、1の合図でランナーが一斉に動き出した。モニターに映っているランナーがね。

わたしたちのブロックは10時までスタートしないアナウンスがあったので、ランナーも手拍子をしたり、スマホで動画を撮ったり、なんならアスファルトに座り込んだりしていた。走る雰囲気ではいっさいない。

音楽は爆音でダンスミュージックが流れているので、体を温めようとしているのか激しく踊っているランナーもいる。待ち時間の過ごし方も自由だ。

わたしたちのブロックが動き出したのは9時50分だった。待ち望んでいたスタートに周りのランナーのテンションが上がるのが肌で伝わる。一生に一度は走りたいレースの上位に食い込むはずのマラソンだ、早く走りたいに決まっている。

わたしもいろんな意味で早くスタートしたかった。ロンネルさんとの差が開くばかりだからだ。カウントダウンを知らせるモニターに釘付けになっていた。そして号砲が鳴って、大きな歓声が響いた。

10時5分、Hブロックはようやくスタート。ちなみに、この時点でロンネルさんは5キロ地点をとっくに通過していた。ほかのランナーのトラッキングができる便利な世の中だ。

ベルリンマラソンは、さすがと唸りたくなるマラソンだった。沿道からは人が絶えることがなくて、体から溢れ出る熱量で応援してくれる。

ベルリンの名所を巡って、ブランデンブルク門をくぐってゴールするコースは、そもそも見所が多くて視覚的にも飽きないコースだから、目がずっと楽しい。

5キロ地点のポイントを通過したときだって、もう5キロ？　みたいな感じで足も体も身軽だった。沿道は、ドイツはもちろん、イングランドやフランス、ヨーロッパの国々だけでなくて、メキシコやコスタリカ、南米の国旗も沿道を埋め尽くしていて、ほかのレースに比べてひときわ国際色が強い。

途中で日本語の〝頑張れ〟も耳に届いた。異国での地の母国語はとっても元気が湧くし、嬉しい。ゼッケンに名前が〝YURI〟と印字してあるから、沿道の人が名前を呼んで応援もしてくれる。

このシステムを考案した人に、何か賞をあげてほしい。異国の地で名前を呼んで応援してもらえると、めちゃくちゃ踏ん張れる。

ハーフ地点を過ぎても足は軽い。コースがフラットなのもあるけれど、ＤＪブースの音をかき消してしまうくらいの声援が背中を押してくれた。

それでもようやく当選したベルリンマラソンだ、せっかくならゆっくり走りたい。キロ6分を切るくらいのスピードで走っていたけれど、少しスピードを緩めることにした。

別にタイムを狙っているわけでもないし、この雰囲気を気がすむまで味わいたい。

事態が急変したのは32キロ地点のことだった。

「ユウリサン！　完走しました!!」

ロンネルさんからまさかのメッセージ。まじかい。ロンネルさんの位置をトラッキングすると、3時間52分でフィニッシュをしている通知がピコンと飛び出した。4時間半の目標タイムはどこに消え去ったのか。

32キロ地点、ゴールまで残りは10キロ弱。普段だったら疲労困憊モードでスピードダウン必須の区間だ。1時間半くらいかけて走りたい、沿道の歓声に煽られるのも楽しいし。

「ロンネルさん、今どんな感じ？」

「頑張って走りすぎて、膝がやばい☆ゴールエリアで座ってユウリサンのこと待ってるよ！」

ランニングが原因ではない汗が背中を伝った。待ってるんかい、ホテル帰らないんかい。フルマラソン完走後に1時間以上待機させるのは忍びなさすぎる。ここからが本当の戦いだった。

残りの10キロを1時間切るくらいで走ったマラソンは、人生で初めてだった。

1キロを通過するたびに、ロンネルさんに通過したことをメッセージで送った。

33km done、34km done、35km done……ゲームのレベル上げをしているように、数字が一つ

ひとつ増えていく。ロンネルさんが、

「めっちゃ速くね⁇　ユウリサン！」

と驚きのリアクション、そりゃそうだ、急いでるんだよ。

30キロ後半になると徒歩ムーブに移行するランナーの姿が少なくない海外のレースなのだけれども、ベルリンマラソンのおよぼす効果なのか、徒歩に切り替えるランナーはほとんどいない。みんな疲労を顔に浮かべているのに、足のスピードが落ちているのに、走ることをやめない。世界中の憧れをかき集めたようなレースを走っている自尊心が、自分自身を鼓舞して、沿道の声援がそれをさらに奮い立たせているからなんだろう。わたしも必死に走ってた。いろんな意味で必死だった。

40キロ地点で、協賛のエルディンガーのビールボトルの写真がでかでかと描かれたバルーントンネルを抜けた。ＥＤＭはZEDDの「Stay the Night」、日本でも圧倒的知名度を誇るダンスミュージックだ。

バルーンをくぐり抜けた瞬間に、マイクの大音量で、

「ユウリ！」

と名前を叫ばれた。バルーンの下にいるＭＣがランダムで名前を呼んでくれるのに選んでもらえたようだ。それに呼応して観客も「ユウリ!!」と煽ってくれる。足は疲れているけど、テンシ

ヨンはビールを飲んだみたいにハイだ。

ブランデンブルク門がどっしりと構えていて、柱の間からはもうゴールが目に飛び込んできた。世界が憧れるコースの終着地点。スマホを取り出すランナーが増えた。

一生に一度、走れるかどうかのコースだ。脳内記録だけでなくて、きちんとデータに残しておきたい気持ちは世界共通だ。

ゴールラインをくぐり抜けると、ぽろぽろ涙を流す人、ハグし合う人、笑顔でセルフィーをする人でいっぱいだ。

人の波をくぐり抜けて、もちろんゴール直後の写真は撮ってもらったけど、42・195キロを走ったあとの足を再び走らせた。

もう1時間くらい経ってしまったかもしれない、急がないと。メダルを手にして走り出した先の給食エリアで、デスクの上に座ってスマホをぽちぽち指打つロンネルさんに辿り着いた。

「ロンネルさん！」

「ユウリサン、おめでとう！　疲れた!!」

汗だくのままハグをした。一緒にゴールをしたわけではないけれど、3年ぶりにロンネルさんと会えたこと、一緒のレースを走れたこと、ゴールまで待ってもらえたこと、すべてが嬉しかった。

横のブースに移動して、エルディンガーのアルコールフリービールで乾杯をする。日本語の「カンパイ」もロンネルさんは習得していて、チアーズではなくてカンパイをした。

バルーントンネルをくぐり抜けてからずっと飲みたかったビール、そしてロンネルさんと一緒に飲んだビールは、アルコールがなくても世界一の味だった。

会えなかった3年間で変わってしまったことがたくさんあった。日本からも出られなくなったし、行けなくなった国も増えた。傷ついたこともたくさんあった。

でも、逆に大切にしたい人も増えた。

わたしたちは3年前と変わらず、お互いの健闘を讃え合って、こうしてビールを飲んでいる。

わたしたちの幸せの一部を担っているのは、時や環境が違っても、なにも変わらないもののような気がする。

ビールを完飲して、スタート時と同じ場所で写真を撮った。天気予報は雨だったのに、ベルリンの空はそれと裏腹に澄みきった青で運がいい。

ここに辿り着くまでの困難の数々は、この青空のための土台だったのかもしれないね。

春の訪れ

ロンネルさんとベルリンマラソンを走ってから約1カ月半を費やして、ヨーロッパのレースを堪能した。

クロアチアのザグレブ、ハンガリーのブダペスト、オランダのアムステルダム、スロベニアのリュブリャナ、そしてドイツのフランクフルト。その国々のレースに足を運び、毎週末に42・195キロを走る。その街を、ランナーを、そこで応援してくれる人を、この目にしっかりと焼きつける。

でも、そんな日々も、いろんな意味での限界が近づいていた。

足の指には水ぶくれや爪が食いこんでできた傷が常時あるし、爪は紫色に変色して、時間が経つとぽろりと剝がれ落ちる。体は悲鳴をあげていた。

生活費のための貯金も、底が見えかけていた。食事はなるべく自炊で、宿泊するところはドミトリー、もしくはカウチサーフィンで探したホームステイと、切り詰めるだけ切り詰めたけれど、生きるのにはお金がかかる。

銀行の口座残高を眺めては、日本に帰ったらどれくらい働かなければいけないかを頭の中で計算した。

それでもレースを走ることが楽しかった。

どの国の大会でも、縁もゆかりもないわたしをいろんな人が応援してくれる。帰国前の最後のレースになるフランクフルトマラソンを完走したときには、6週間連続でマラソンを完走した達成感と、すべての旅程を何事もなく終えられた安堵感がごちゃ混ぜになって、涙がぼろぼろこぼれ落ちた。

7　再始動の春

そんな長旅を終え帰国してから、数カ月が経った。目まぐるしく日々が変わるわけでもなく、ヨーロッパからの長旅を終えたわたしは、六本木でＯＬに擬態して生きていた。

スーパーで野菜が高いと一喜一憂し、卵の値段が20円上がったことに頭を悩ませる。それなのに、意味のわからない色の服にビビッときて1万円のお買い上げをしてしまったりする。家に帰ると夕飯をつくって、食べて、風呂に入って、布団に入って目を閉じる。そんな日常を過ごしていた。

それでもジワジワとSNSのフォロワーは増え、「応援しています！　頑張ってください!!」というリプライやDMが届くようになった。

一度ぜひお会いしたいです、とメッセージも届くようになり、会いに行ったら出会い系だったりしたこともあったので、対面で会うのはよっぽど気が向いたときだけだけれど、自分のことを応援してくれる人が増えていることが、わたしの曲がった背筋を以前より真っ直ぐにしてくれた。

ありがたいことに、久しぶりにラジオに出演させていただいたりもした。ラジオが終わったあとに、放送中に届いたコメントの一覧をエクセルで送ってもらったのだけれども、書いている内容が肯定的で嬉しくなって、しばらくエクセルを眺めてニヤつく日々が続いた。完全な不審者である。

年始には3連続で取材の依頼が届いた。〝来る者拒まず、去る者追わず〟の精神なので、すべて受託して、取材の記事は雑誌にも載って、Yahoo!ニュースにも顔を出した。

Yahoo!ニュースでの反響はかなり大きなもので、会社のおじさんや、周囲の人がたいそう喜んでくれた。

電子版にあるインタビューは、わたしの言葉なのに、わたしの言葉じゃないような気がしてくすぐったいけど、少しの自信を肥やしてくれる。

世間の大勢に見つけてもらったわけでもない、何かでバズったわけでもない。それでも少しずつわたしを見つけてくれる人が増えて、頑張れとエールをくれる人がいる。

虚無の境地のまま、冬の風で涙を乾かしていたあの日から6年が経っていた。

大きなものを残せた気はしないけれど、あの日から一歩ずつ着実にわたしは進んでいて、その証も少しずつ残せている。

それで、いいんじゃないかと思う。真っ直ぐは歩けないけど、キラキラ輝くような華やかなことではないけれど、泥臭くても少しずつ前進しているくらいが、わたしらしい。

2023年の春、そんなふうにして生きていた矢先、本書を出版することが決まった。

春風が帰り道に頬を撫でた。目尻に溜まっていた涙がぽろりと転がった。

第8章

*

世界を走って見えてきたこと

人生の大先輩からの金言

２０２３年2月、わたしは29歳になった。

29歳になっても、生活が劇的に変わることはない。けれども、10年前の自分と比べてみると、ミルフィーユのように折り重なった日々の厚みをひしひしと感じる。

ヒールを履いていた足にはスニーカーがおさまり、朝5時まで飲み続けていた日々は、もうはるか昔のことだ。22時過ぎには布団にくるまりたい。見た目も、体力も、経験も、思考も、ずいぶんと変わった。

海外での過ごし方も、ロサンゼルスマラソンを走った頃とは大違いだ。とにかく安価であることが大切だった航空券は、今や値段が高くなろうとも飛行時間が短いことが最重要項目になった。宿泊代をケチるためにしていた空港泊も、今では考えられない。

「年齢はナンバーにすぎない。けれど、体力だけは年齢と反比例だ。だから若いうちに、体力のいる、やりたいことをやっておいたほうがいい」

とあるレースで出会った、アメリカ人の外科医のおじいちゃんランナーがくれたアドバイスだ。お金もある、時間もある、でも、体力だけは失われていく。そして、もう買い戻せない。そう話す顔は、長い年月をかけて刻まれた皺でいっぱいだ。

もともと、若い時間は有限だという理由でこの道を選んだけれど、はるかに年上の、しかも人生をしっかりと歩んできた人の口から伝えられると、真実味が増す。

アドバイスをいただいてから少し経って、おじいちゃんは、

「自分は休憩が必要みたいだ、年だからね」

と道の途中で足を止め、わたしを先に行かせた。

がむしゃらに海外のレースを走り続けるのは30歳まで、と最初からぼんやり決めていた。そしてそのラインを超えてまで、この日々を続けようとも考えていなかった。

おじいちゃんの言葉どおり、体力は年齢に反比例して、無理をすると体調を崩すことが増えたし、疲れもなかなか取れなくなっている。

このあたりが、限界値。そして潮時だ。始めてから10年近く経つ生活を、精いっぱい、そして目いっぱいやりきった。

この日々を書籍で残せるまでに評価していただけたことは、自分としては大金星だ。つらいことも、しんどいことも、やめようとしたこともあった。全部が全部、楽しいだけじゃない。それでもそれが気にならないくらいに美しい、わたしの宝物の日々だ。

そんな日々が終わる。愛おしくて、かけがえのない時間がもうすぐ終わる。だから、残された

最後の1年で、どうしても走りたかったレースに出場することにした。イラクとシリアのマラソンを走ることを決めた。

イラクを走りたいとぼんやり考え始めたのは、2019年の年の瀬だった。

きっかけは、ルワンダで骨が眠る道を走ったことだった。海外のレースを走ると〝楽しい〟の感情がほとんどのウエイトを占めていたわたしにとって、ルワンダで目の当たりにした〝現実〟は、わたしの心臓に食い込んで離れなかった。

42・195キロを走る行為は、わたしとルタンダの人々が同じであることを、全身を通して教えてくれた。彼らは、わたしと違うようで、同じだった。

文化や言語、宗教はもちろん異なるけれど、人間としての根っこは変わらない。走っていると、「頑張って」と水を渡してくれる。つらそうな顔をしていると、「あと少しだよ！」と手を叩いて応援してくれる。ゴールラインを越えると、「おめでとう」と祝福をくれる。

だからこそ、彼らとの間にある〝現実〟を直視すると、殴られたような衝撃を受けた。

その国に生まれたがために、内戦に巻き込まれる。電気、ガス、水道のない暮らしを強いられる。日々の食料の確保もままならない。

42・195キロを走るわたしを応援してくれた人たちが、そんな理不尽に巻き込まれている

〝現実〟を目にすると、言いようのない焦燥感に苛《さいな》まれる。それと同時に、自身の無力さがわたしの心を重くした。結局のところ、わたしはただの20代の女で、世界を劇的に変える権力も金もない。

　だからこそ、わたしは、人間は同じなんだと、世界は考えているよりも身近なんだと、もっと理解したかった。そして、得た解釈を広めることが、わたしの宿命とさえ感じた。草の根運動に近いけれども、行動をしない限り、何も生み出さない。

　やらない善より、やる偽善。塵も積もれば山となる。

　それからいくつもの国を走っているうちに、イラクでマラソンが開催されていることを知った。イラク北部の街、エルビル市。イラクの内部にあるクルド人自治区だ。

　戦時下のイラクだけれども、この街はオイルマネー効果もあってか比較的治安が安定しているようで、外務省のガイドラインでも危険レベル２、南米やアフリカの地域でもよく目にする危険レベルだった。１００キロも離れていない距離には、３年前までＩＳＩＳと有志連合の激戦があった街のモスルがあるにもかかわらずだ。

　そんなイラクの街で、フルマラソンが開催されていた。おそらくイラク国内で唯一のフルマラソンの大会だろう。

　いくつものレースに出場して、42・１９５キロを走るためには、その距離分の平和が維持されていなければならないという事実を、痛いほどに知った。

２０１９年に出場予定だったベイルートマラソンは、大規模な反政府抗議デモが行われたことで、レース直前の２週間前に中止が決定した。

新型コロナウイルスのパンデミックの間は、世界中のレースのほとんどが中止になった。このエルビルマラソンも、２０１４年と２０１７年、そして２０２０年と２０２１年は中止され、安定して開催されているわけではない。

だからこそ、走れるうちに、イラクを走ってみたかった。「危険」とレッテルを貼られている地域に住んでいる人々が、わたしと同じであることを、この体で確かめたかった。

流動的な中東情勢

空港の外に出ると、ぬるりとした生暖かい風が顔に吹きつけた。思っていたよりも暑くて、着込んだトレーナーの下の肌着が汗で湿り始める。ERBIL INTERNATIONAL AIRPORTと入口に掲げられた文字が赤く光っていて、少しまぶしかった。

入国手続きは呆気なく済んだ。取得したオンラインビザを印刷した紙面は何も確認されないまま入国審査は終わり、受託荷物もロストバゲージすることもなく手元に戻ってきた。

そのままホテル経由で予約していたドライバーと合流し、荷物を積んで後部座席に座った。空港から出て、だだっ広い道路を真っ直ぐ走る。少し離れたところには、色とりどりのライトで装飾された高層ビルが群をなすように並んでいた。

表面張力でなんとか保っているくらいに張り詰めていた緊張が、ゆるゆると解けた。朝の4時、まだ日もない闇の中で、車の走る音だけが響いていた。

「渡航の是非を再検討していただけないでしょうか」

WhatsAppに在エルビル領事事務所の方からメッセージが届いたのは10月下旬、エルビルマラソンのほんの少し前だ。エルビル市内では爆発物を使用した爆破事案が発生していること、イスラエル・パレスチナ武装勢力間の衝突を受け、テロなどの脅威が高まっていること、それに巻き込まれないように、渡航の是非を検討してほしいとのことだった。

不安と焦りが喉元までせりあがり、深いため息となって口から吐き出される。目元に手のひらを押し当て何度かこすると、にじんだ涙が広がって少し湿った。

イスラエル・パレスチナ間の戦争が始まったのは、この旅の渡航の4日前のことだった。突然のニュースに耳を疑い、SNSに溢れる凄惨な映像や悲劇的なニュースを目にして、頭を抱えた。

イスラエルの友人にメッセージを送ると、わたしが泊まらせてもらった家の通りにミサイルが落ちて、友人の祖母は殺され、フェスに行った友人は帰ってこない、と返信があり、言葉を失った。

その後も事態は急速に悪化し、目を背けたくなるような戦争の現場を、インターネットを通して何度も目にした。そして、中東情勢が極めて悪化しており、いつ何が起こるかわからないと述べるニュースも数えきれないほど読んだ。

そんな時期にわざわざ行くべきなのか。危険を冒してまで渡航をするべきなのか。

頭の中で自問自答がぐるぐると駆け巡る。父からは、「まずは自分の命の安全が第一で、そのエリアに近づかないことです」、友達からは、「本当に渡航するの?」というLINEが届いた。きわめつけが、この領事事務所の方からの連絡だ。外務省の知り合いが、「邦人保護って、めっちゃ大変なんだよね」とつぶやいていたことが脳裏をかすめた。

最悪の事態になった場合、どう責任を取ればいいのかと頭を抱えた。海外旅行保険には入っているものの、それで賄いきれるのか、遺体の輸送には何百万円もかかると噂に聞く。

それでも、もう行くタイミングは今しかない。結婚したら、子どもが産まれたら、この身を危険にさらせるわけがない。

何が正解で、何が不正解か、わからなかった。

目覚めては悶々と悩んで、領事事務所の方とも日々連絡を取り合い、最後にわたしが選んだのは〝渡航する〟だった。

エルビル行きの飛行機に乗り込んだときも、不安はわたしを離さなかった。飛行機の小さな窓に映るわたしの顔が、いつもより幼く感じる。それは子どもが迷子になったときに、不安で涙をこぼす寸前の顔に似ていた。

不安を内包して辿り着いたエルビルでの日々は、想像以上に穏やかだった。

宿泊先のホテルスタッフはとても親切で、早朝にもかかわらずチェックインを済ませ、部屋に入れてくれた。一眠りしてから繰り出した市内も活気に溢れていて、この国が2011年まで戦時下にあったことは忘れてしまう。街の人も、人懐っこい笑みを投げてくれるし、外国人だからといって盗難やぼったくりの被害に遭うこともない。

エルビルマラソンのゼッケンの受け取りも、何の問題もなく無事に完了した。ボランティアの女の子が最初から最後まで付きっきりでレースについて説明してくれて、コースマップの前で記念撮影もしてくれた。

「頑張って！」「フルマラソンを走るなんて、素晴らしいわ！」「あなたの健闘を祈ってる！」

「日本から来てくれて、どうもありがとう」

抱えきれないほどの応援に、返す言葉はこれしか浮かばなかった。

「この街で、走らせてくれて、ありがとう」

人はみんな同じ

10月27日、エルビルマラソンを走った。

スタートの30分ほど前にスタートエリアに到着したものの、スタートラインに掲げる予定のバルーンゲートは空気が入っておらず、つぶれている。

ボランティアの人が、膨らませようと必死で電動の空気入れを作動させるが、なかなかうまくいかない。その周りではランナーがウォーミングアップをしたり、ストレッチをしたり、談笑したり、思い思いに過ごしていた。

雲ひとつない空に向かって伸びをしていると、地元のテレビ局からインタビューをしたいと頼まれ、つたない英語で対応した。まさか、イラクの地でメディアデビューするとは。ちなみに、後日、ウェブメディアに写真付きでインタビューが掲載されたらしい。

スタートの数分前になんとか膨らんだバルーンゲートの下に整列して、スタートの合図を待った。

ランナーの頭上ではドローンが飛び、沿道にはテレビのカメラがスタートの瞬間を撮るためにスタンバイしている。エルビルマラソンは、この街でもっとも大規模なスポーツイベントらしく、注目度が高いようだ。

エルビルマラソンには驚くべきことに年齢制限がなく、わたしの横に小学生くらいの少女の集団が並んでいた。

「42キロ、本当に走るの？」

と、問いかけると、

「そうだよ、走るの！」

と、屈託のない笑顔で返してくれた。

パンッと小さい音が鳴ったと思ったら、前のランナーが一斉に走り始めた。え、今のがスタートの合図？　音、小さくない？　と内心で驚きながらも、前のランナーに続いて足を動かす。思い入れの強さとは反比例して、呆気なくレースはスタートした。

エルビルマラソンのコースは単純明快、1周10キロの円型の幹線道路を4周するルートになっている。

観光スポットが沿道に溢れているわけでもなく、日常生活で使う幹線道路を走るため、反対車線では車が行き交う。給水ポイントは1周につき3カ所。計測チップは存在せず、コース上でボランティアが目視で順位を確認していく。1周を終えると、周数のカウントのために色付きのヘアゴムを腕に通される。

日本では考えられないレース環境ではあるけれど、2011年まで戦争をしていた国でレースが開催されているのだ。

この開催にこぎつけるまでに、多くの人の努力や苦労があったことだろう。それを想像すると、レース中なのに目の奥がじんわりと熱くなって、視界が少しぼやけた。

エイドステーションが実在するのか不安で、補給食のエナジージェルをいつもより多く持参していたけれども、その心配は杞憂だった。

給水に関しては、ボランティアがバイクでランナーの横を並走し、「ウォーター？」と、水の入ったペットボトルを手渡してくれる。エイドステーションも設置されていて、バナナだけではなく、デーツやナッツ類が用意され、ボランティアが「頑張って！」「素晴らしいよ！」の言葉を添えて、手渡してくれた。

走っているランナーと目が合うと、最初の周回の頃は「暑いね」「暑い」「どこの国の人？」「日本だよ」「日本？　素晴らしいね！」なんて会話が弾んだりしたけれど、周を重ねるにつれ、耐え忍ぶ顔をくしゃりと崩して、顔に微笑みを浮かべるだけになった。

イラクは砂漠気候の国だ。朝と夜はかなり冷え込むが、昼間は最高気温が50度に達することもある。

レースの日も、スタートのときは18度だった気温は、30度を超すほどに上昇していた。顔には汗が吹き出し、朝に塗った日焼け止めと混ざり合って、頬を伝って下に垂れる。髪の生え際には結晶になって固まった塩がこびりついていた。暑さのせいで、奥に並んでいる建物が蜃気楼により その形を歪ませている。

それでも沿道の人の応援、ボランティアの人だけではなく、近くに住む人、子どもたち、警備にあたってくれている軍隊や警察の人、すべての人の応援が、わたしの足を動かす燃料になっていた。

「あと少しだよ！」

「頑張って！」

「速いよ、素晴らしい！」

やっぱり同じだ。人間は同じなんだ。人種も何もかもが違うけれども、その身を思いやり、心を通じ合わせることには、国境も何も関係ない。

最後の2キロは、溢れる汗に混じって、涙があごの下をつたった。領事事務所の方には申しわけないけれども、この国を走れて、よかった。

ゴールラインを越えると、「おめでとう！」の歓声とともに、小さな青いカードを渡された。アラビア語で何かが綴られているが読めるわけもなく、それを渡してきたボランティアに尋ねると、

「2位だよ、2位！　おめでとう!!」

と、腹の底から出したかのような大きな声で言われ、そのまま別のボランティアに表彰台のあるステージまで引っ張られた。

まさかイラクの地で、表彰台にも登るとは。表彰台からは、たくさんの人が破顔して祝福してくれているのが、よく目に映った。

晴れ渡る空からの光が当たって、首にかけられたメダルが目覚めたようにきらめく。その輝きがまぶしくて、目を細めた。

あの光を、昨日のことのように、よく覚えている。

初めて降り立つ美しい国

シリアのダマスカスでマラソンが開催されているのを知ったのは、2022年10月のこと。ハンガリーのブダペストマラソンで知り合ったタイ人のチェイが、翌月にダマスカスマラソンに出場する予定だと教えてくれたのだ。その後、チェイは2023年3月に東京マラソンを走るために来日し、築地で一緒に寿司をつついた。

お気に召した筋子巻きを頬張りながら、チェイはダマスカスマラソンの素晴らしさを大きな声で説いた。

「素晴らしい国だった。SNSの情報とはまったく違うんだ。絶対に出場したほうがいい」

力の宿る目で語るチェイの手で操作されたスマホの画面は、数百枚にもおよぶシリアの写真で埋めつくされていた。

2023年の冬現在、外務省が発表する危険情報において、シリアは最高位の危険レベル4にある。〝退避してください〟のアナウンスがされている地域だ。日本国民である以上、その指示に従うべきなのは、もちろん理解している。

その一方で、走りたいと騒ぐ欲が頭をもたげていた。もとよりイラクを走ろうとした女だ。走れることならシリアも走ってみたい。

チェイと別れて家に戻ってから、ダマスカスマラソンのホームページを検索した。現在、シリア観光省は、すべての旅行者に旅行代理店を通して予約を取ることを義務付けているため、ランナーはツアーパッケージに加入しなければならない。3泊4日のツアーパッケージの費用を確認すると1500ドルほどで、日本円に換算すると20万円以上。人生史上もっとも高額のエントリー費だ。

それでも、ホームページを一巡し、チェイの言葉を思い返して、走ろうと決めた。シリアを自分の五感で確かめてみたかった。


ダマスカスマラソンのツアーパッケージのスタート地点は、ベイルート港の側にあるBevely Hotelだった。イスラエル・パレスチナ戦争が激化するにつれて、レバノンのベイルートの危険レベルも瞬く間にレベル3（渡航は止めてください）まで上昇して、いくつかの航空会社はベイルート発着便の運行を無期限停止した。

SNSも、レバノンのヒズボラと呼ばれる武装組織がイスラエルと戦闘しているニュースや、ベイルート市内での大規模デモの様子を伝える投稿で溢れていた。

ダマスカスマラソンのツアー参加者によるグループチャットも日々紛糾し、

「本当に安全なのか」「渡航しても平気なのか」「飛行機はちゃんと運行されるのか」といった心配するメッセージの通知音がけたたましく鳴った。やっぱり、誰もが死にたくない。

ダマスカスマラソンのオーガナイザー兼ツアー会社の代表でもある、ポーランド人のヴォイテックが、レバノンとシリアの両サイドと毎日連絡を取り合っていること、街は平和であること、テロなどの脅威もないこと、マラソンは予定どおりに開催されること、シリアのさまざまな人が尽力して開催することを、メッセージを通して伝えてくれた。

しかし、それでもすべての不安は拭えない。「命最優先、安全第一」と書かれた父のLINEが頭をよぎる。心臓が止まってしまったら、取り返しがつかない。

難しい選択だったが、ベイルート行きの飛行機にチェックインをした。

飛行機に乗る前に、日本にいる大切な人たちに宛てて遺書を書いた。

この選択に悔いはないこと、けれど死にたくはないこと、もっといろんな経験をしたかったこと、それでも幸せだったこと。紙いっぱいに思いの丈を書き込む。

隙間がなくなった紙を小さく折りたたんで、パスポートに挟んだ。

ベイルートは、SNSの情報のかけらも引っかからないほどに、平和だった。

Beverly Hotelの前に集まった参加者を乗せて、白いミニバスはレバノンとシリアの国境を目指した。乗客は運転手や案内人を含めて11人だった。

アメリカ、ナイジェリア、イラン、中国、ポーランド、ドイツ、デンマークと多国籍で、全員がランナーだ。どのレースが素晴らしかったか、お勧めのレースは何か、なんて会話が飛び交う車内は、これから危険レベル4の地域に行くとは思えないほどのにぎやかさだ。窓の外には切り立った山の斜面に無数の家々が連なっていて、その美しさが目に残った。

眠っている間に、レバノンとシリアの国境に到着していた。

シリア領内に入ると、アサド大統領の姿が描かれた建物が増える。パスポートコントロールの平屋にも、大統領の大きな写真が貼られていた。

事前のビザ申請を旅行代理店が済ませていたので、ビザ代金を支払うだけで、パスポートにはシリアの入国スタンプとビザスタンプが押された。

ビザ代金も国によって異なり、イランは費用なし、中国は12ドル、日本は30ドル、EU諸国は60ドル、そしてアメリカは160ドルと、シリアとの関係の良好さと比例して代金が安くなるようだった。日本人のビザ代金が安価なのは、日本政府によるODA（政府開発援助）の恩恵だろう。

パスポートコントロールのあたりは荒野が広がっていて、市内へ進む道には軍隊の検問所がいくつかあった。そのたびにミニバスは停車し、運転手が軍人と少しの会話をしてから、また発車した。窓の隙間から検問所を覗くと、軍人と目が合う。

小さく手を振ると、向こうも小さく手を振り返してくれた。どの検問所でも、どの軍人も、手を振ってくれた。

おびえていたテロリストによる突発的な襲撃や爆発にも、予想されていた渋滞にも巻き込まれず、シリア国内で日々を過ごした。初日に訪れたダマスカスの中心地は、戦争の跡が一掃されていて、美しく整備された街並みは活気にあふれていた。

道行く人がわたしたちの集団をじっと見ては手を振り、老若男女問わず一緒に写真を撮りたいと頼んでくる。シリアに入国してから合流したガイドのラミは、

「シリアには旅行者がほとんど訪れなくなってしまったけれど、人々は旅行者を待ち望んでいる」

そう言っていた。スーク（市場）では、スパイスやドライフルーツ、絨毯やランプなどが店頭に並んで、手に取られるのを待っている。

この通りはスパイス、この通りは工芸品、と通りによって並ぶ店の種類も変わるらしい。天井にはアーチ状につくられた鉄の骨組みが並んで、その隙間からは星を模したライトが白や青の光を放っていた。

イスラム世界でもっとも古いモスクと称されるウマイヤドモスクや、市内の教会も巡った。イ

スラム教の国と認識されるシリアだが、キリスト教徒も一定の割合で存在しているらしい。イスラム教以外は禁じられているのかと想像していたけれど、「シリアではどの宗教を信仰しても何の問題もない」とラミが声高に宣言した。

次の日は、世界的に有名なパルミラ遺跡、そして西部の街のホムスに行った。

内戦前、数百万の来場者数を誇った遺跡からは、今や誰もいなくなっていた。破壊された遺跡は、粉々になった自らの破片に囲まれながらも、なおもその残された部分は神々しい風格を維持している。

博物館だった建物はところどころ破壊され、土産の品だった本が砂と埃を被って寂しそうに積まれていた。ポストカードを数枚購入して、表面を拭う。破壊される前の姿が写っていて、悲しくなる。

パルミラの街の主要産業は観光業だったから、住民はほとんどが流出してしまい、今もなお住み続けるのは少しの人だけと、ラミが深刻な顔で話す。

バスの窓の隙間から、なおも住み続ける人が、じっとこちらを見つめている。そして微笑んで手を振ってくれるから、思わずわたしも手を振り返した。

ホムスの街も、砲弾が当たったような建物や、壁が崩れ落ちた家屋が立ち並んでいたけど、日本と同じように大勢の住人が生活を営んでいた。

サッカーをしている少年、孫を乗せてバイクに乗っているおじいちゃん、パンを買っている女性、スークでお茶を飲む男性のグループ。当たり前の日々の営みが、そこにはあった。

文明発祥の地で思うこと

ダマスカスマラソンは、予定どおりに開催された。

シリア国内で働く国連職員や、赤十字団体の人も出場するようで、100人ほどのランナーが集結し、早朝なのに賑わいを見せている。

その中には、驚くべきことに日本人の方もいらっしゃって、挨拶をした。ユニセフで働いていて、ダマスカス配属になって6カ月が過ぎたという。

このような方の尽力のおかげで、平和になっている地域が無限にあることを考えると、世界を走らせてもらっている身としては、感謝してもしきれない。最大限の敬意として、レースのあとに持参していた日本食をすべてお渡しした。

カウントダウンのあとに、号砲の軽い音がした。一斉にランナーがスタートして、道路を踏み鳴らす音が響く。

ダマスカスマラソンのコースは、イラクのエルビルマラソンに似て、同じコースを4周する構成になっていた。しかも、子どもも参加して大人に負けじとコースの上を走っている。

最初の周回は、シリアに住んでいる姉弟とともに並走した。その背丈から推測するに、おそらくふたりとも10歳にもならない子どもだ。まだ体も小さいのに、彼らは10キロを走るんだ、とその足を必死に動かしていた。しかも、そのスピードはなかなか速い。

「わたしのお姉ちゃんも走ってるんだけどね、もっと速いのよ！」

彼女は英語を勉強しているようで、走りながら家族のこと、ランニングのことを話してくれた。弟は、姉より先にへばっていて、アラビア語で叱咤《しった》激励されていた。彼らの父親らしき男性が、横の道路を車でずっと並走しながら、写真を撮ったり、アラビア語で応援したりしていて、微笑ましい。

途中のエイドステーションで、彼らに水を飲ませたり、面倒を見たりしながら走っていたら、「素晴らしい！」「美しい！」とほかのランナーが拍手してくれる。当たり前のことをしているだけなのだけれど、褒められるのは悪くない。

ふたりとは、最初の周回で別れた。「一緒に行こうよ！」とゴールのほうへ引っ張られたけれど、わたしには3周が残っている。手を振って、先を進んだ。

最初の周回を過ぎると、ランナーの人数が急激に減った。10キロのレースがいちばん人気らしい。そのくらいが気持ちよくフィニッシュできるもんね。

さっきまで3人で走っていた道を、今度はひとりで走る。

真っ直ぐ伸びる道路沿いには、軍の駐屯所や、交番、家々やモスクが並んでいる。合間から覗く山々の表面は土が剝き出しになっていた。

道路には〝Worth it〟〝Why not?〟〝Great day〟と書かれた白い紙が貼られ、つらさでうつむいたときも元気をくれる。

早朝だからか、人通りは少ないけれど、歩いている人は物珍しそうにこちらを眺め、グッジョブのハンドサインをしてくれたり、手を振ってくれたりした。

軍の敷地からも、制服に身を包んだ何人かがこちらに向かって微笑んで手を振ってくれる。コースに数箇所あるエイドステーションのボランティアは、通り過ぎるたびに「頑張って！」「何飲みたい？ 水？ ジュース？」「バナナはいる？ デーツも、リンゴもあるよ」と、水やら給食やらを手渡してくれた。反対車線を走る車からは、時折クラクションが鳴って、運転手が車内から手を振ってくれた。

最後の周回で、ボランティアの人、警備の人、協力してくれている人たちと写真を撮った。走っている足を止めてでも、この瞬間の記録を残したかった。

インカメラにして、中心に寄ってもらい、シャッターを押す。汗まみれだし、化粧も剝げてるし、写りは悪いけれど、これが撮りたかった写真だ。

ゴール地点では、ヴォイテックを始めとする運営の人や、すでにゴールしたランナーが待ち構えていた。

〝Damascus Marathon〟と赤い文字がプリントされている、帯のような白いゴールテープをお腹で切る。これまで53のレースを走ったけれども、ゴールテープを切るのは初めての経験で、地味に嬉しい。

「おめでとう、女子のカテゴリーで2位だよ」

そうヴォイテックに告げられて、自分が健闘したことを知った。祝福されてかけられた準優勝者用のメダルは、裏面が銀色に輝いている。鏡のように磨かれた面に汗まみれの顔が伸びて映った。大冒険を終えたあとのような笑顔だった。

長いように思われた日々は、あっという間に過ぎ去った。

トルコのイスタンブール空港で羽田行きの飛行機を待ちながら、スマホで撮った写真をスワイプして見返す。あの日々が、決して嘘ではないことを確かめるために。

写真のフォルダを閉じて、インスタのメッセージボックスを開いて、DMを打ち始めた。宛先はシリアのガイドのラミだ。

シリアでレースを終えた翌日、わたしたちを乗せたバスは何事もなくベイルートに到着した。渡航前、霧のように広がっていた不安は、今となっては跡形もなく消えている。その代わりに残ったのは、旅の充足感と、自分への問いかけだった。

「シリアは、内戦前まで、レバノンの隣の国くらいの位置づけだったんだ。教育水準も高くて、裕福な国だった。内戦が始まったときは、誰しもがすぐに終わると考えていたんだ。でも、終わらなかった」

観光地を巡っている途中で、ラミが苦虫を噛みつぶしたように話していたことを思い返す。

「シリアの素晴らしさを、いろいろな人に知ってもらいたい」

そうつぶやいていた。力になりたいと感じた。その一方で、難しいとも感じた。

実際にシリアで過ごした日々は素晴らしいことに変わりはないし、SNSの情報とは正反対の活気溢れる街、美しい遺跡、建造物にも感動した。

けれども、わたしは日本人だ。シリアは原則として〝退避してください。渡航は止めてください〟の警告がなされている国であり、渡航を推奨することはわたしにはできない。万が一、何か起こってしまったら、わたしには責任が取れないから。

それでも、何か、やれることをやりたかった。だから、この本で、ラミの伝えたいことを、紹介しようと考えた。

「あなたが伝えたいことを、教えてほしい。渡航を推奨することはできないけれど、あなたの声を伝えることはできるから」

ラミから送られてきたメッセージを、そのまま訳して載せたいと思う。


「シリアは一般的に安全で、2018年から観光のために開放されています。シリア領土の大部分はシリア軍の支配下にあり、シリアの大部分は問題ありません。すべてのユネスコ遺跡や、パルミラ、ダマスカス、アレッポ、ボスラなどの主要都市も観光客を受け入れる準備が整っています。残念ながら、戦争は観光地のインフラ構造に大きな影響を与えましたが、観光分野では急速に改善が進み、わたしたちは目まぐるしいスピードで戦争の余波から立ち直っている最中です。

シリアは安全で美しい国であり、文明が生まれた場所でもあります。シリアの人々は友好的で親切です。シリアには、歴史や古代建築が好きな人、料理が好きな人、ワインが好きな人、写真家、冒険家……等々、あらゆる観光客にも対応できる資源があります。

日本のみなさんにシリアを訪れてもらい、この国の美しさ、古代の芸術品や魅力的な観光モニュメント、そして、カメラのレンズを感動させるビジュアルを楽しんでもらいたいです。

わたしは日本の人々にシリアは安全だと伝えたいし、メディアで言われていることと違って、シリアがどれほど安全な国なのか、実際に来て自分の目で確かめてほしいと思っています。わたしたちは、いつでもあなたたちを待っています」

羽田行きの飛行機の搭乗手続きが開始されて、列に並んだ。

パスポートに挟んだ搭乗券を取り上げた拍子に、何かが合間から落ちる。

小さく折り畳まれた紙、ベイルートに渡航する前に綴った遺書だった。

拾い上げて小さく丸め、くずかごに放り投げた。また走ろうと思った。

エピローグ

53のマラソンを走ってきて、自分にとってマラソンとは何かをあらためて考えてみた。

マラソンは目標達成や自己実現のツールだとよく耳にする。

たしかにタイムの目標を決めて、それに向かって練習を重ね、本番でその力を発揮する、というサイクルは非常にわかりやすい。

けれども、わたしの場合、そもそも足が速くなりたいなんて考えてもいないから、目標タイムはないし、シューズだって靴擦れを起こさなければ、何だっていい。

レースに出場し始めた頃、わたしにとってのマラソンは、自分を楽しませる娯楽のひとつにすぎなかった。フェスのような雰囲気、イケてる音楽、そして陽気な人々に囲まれて走るレースは、わたしの魂を躍動させた。

でも、いくつもの国を走れば走るほど、娯楽という言葉だけでは表現できない存在に変わっていった。標高2500メートルの高地、象の出る道、マイナス10度の高原、そして、骨の埋まる道。いろんな場所を走って、わかったこと。

それは、人間の根底は、同じということだ。

走れば喉は渇くし、30キロを過ぎた地点で足は重くなる。

ゴールラインを踏んだ瞬間は達成感で胸がいっぱいだ。

そして、気力を振り絞って走っている人に、人は「頑張れ」と言葉をかけてくれる。

走り終わってから、「このレースに走りにきてくれて、ありがとう」と何度も感謝された。

43カ国で走ってみても、これは変わらない。

日本より治安が悪い国でも、戦争が終わったばかりの国でも。人種や言語、文化や宗教はまったく違うけれども、同じ感情を持つ人間が、そこに存在しているのだ。

同じとわかると、心の距離が近くなる。

だからこそ、自分と変わらない感情を持つ人間が、その生まれ落ちた場所が違うだけで、貧困に喘《あえ》いでいたり、戦禍に巻き込まれたりする現実を目にすると、何かに蹴られたような鋭い痛みを感じる。何もできない自分が情けなくて涙が溢れ、それすらも悔しい。

それでも、世界をもっと近く感じたかった。人は同じであることを理解したかった。

わたしにとってマラソンは、人間が同じであることを教えてくれる大切なツールだ。

世界を変えるのは難しい。わたしが寝ている間にも、戦争や貧困、さまざまな理由で人は亡くなっていく。

それでも、わたしなりに、世界が少しでもよくなるために、できることをしていきたい。

海外のマラソンを通して理解して解釈したことを、世界のために使いたかった。

80分の1の確率で日本に生まれたわたしたちは、与えられた環境を当たり前のように享受し、命の危機に脅かされることもなく、日々を生きている。

そして、日本国民であれば誰しも所有できるパスポートは、ビザ無しで189もの国・地域へ渡航をさせてくれる強い力を持つパスポートなのだ。

世界を走るというハードルは、世間が想像する以上に低く設定されている。

あとは〝きっかけ〟だけなのだと思う。

もし、この本を読んでくれたあなたが、少しでも興味を持って世界を走ってみてくれたら。それが連鎖して、少しでも世界を走りたいと思う人が増えたら。世界であなたが走ることによって、いろんな人が元気をもらい、それが明日の生きる活力にもなることがある。

あなたが走ることで、縁もゆかりもない国の人に勇気を与えることさえあるのだ。

あなたの〝きっかけ〟の一部になれたなら、筆者冥利に尽きる。

ここまで読んでくださって、ありがとうございました。

2023年12月

鈴木ゆうり

「本書に登場するおもなできごと」（2023年12月現在）

2015年　4月　大学で「太っている」と言われてランニングダイエットを決意
2015年　12月　ホノルルマラソン出場、ロサンゼルスマラソンにエントリー
2016年　2月　アメリカのロサンゼルスマラソン出場
2017年　4月　新卒入社
2017年　9月　退職
2017年　11月　トルコのイスタンブールマラソン出場
2018年　3月　バイト先に再就職
2018年　4月　麻布十番のシェアハウスに引っ越し
2018年　5月　フランスのモンサンミッシェルマラソン出場
2018年　7月　ジンバブエのビクトリアの滝マラソン出場

2019年	2月	ケニアのイテンでの高地トレーニング
2019年	2月	ルワンダのルワマガナマラソン出場
2019年	7〜10月	南米巡業
2019年	9月	チリのパタゴニアマラソン出場
2019年	9月	アルゼンチン、ウルグアイのサルトグランデマラソン出場
2020年	1月後半〜2022年頭	新型コロナウイルスのパンデミック
2022年	4月	オーストリアのウィーンマラソン出場
2022年	5月	ベルギーのビールラバーズマラソン出場
2022年	9月	ドイツのベルリンマラソン出場
2023年	10月	イラクのエルビルマラソン出場
2023年	11月	シリアのダマスカスマラソン出場

鈴木ゆうり（すずき・ゆうり）
1994年、愛知県生まれ。中学校、高校ともに美術部所属、大学でもピアノサークル所属といった文化系学生にもかかわらず、2015年の春、大学に進学して2年間で約20kgも増量したことが発覚したのをきっかけに、ダイエットとしてランニングをスタートさせる。2015年の冬、ひょんなことから参加したホノルルマラソンを皮切りに、ロサンゼルス、シカゴとアメリカでのフルマラソンに立て続けに参加し、海外で走ることの楽しさに目覚める。2017年3月の大学卒業後、就職を機に海外で走ることを一度あきらめたものの、「もっと世界を走りたい！」という気持ちから、会社を半年で辞め、世界のマラソンを走破し始める。SNS等で“海外マラソンコレクター”の肩書を名乗り、普段は東京都港区にあるオフィスに勤務しながら、海外のマラソンの魅力を発信している。2023年12月時点でオーストラリア、南極以外の４大陸の43カ国で、フルマラソン53レースを走破。渡航した国は60カ国ほど。

装丁　坂井栄一（坂井図案室）
イラスト　川原真由美
校正　月岡廣吉郎　安部千鶴子（美笑企画）
組版　キャップス
編集協力　和田悟志
編集　茹部達矢

わたし、世界を走ってます
20代で43カ国のマラソンを走って見えてきたこと

第1刷　2023年12月31日

著者　鈴木ゆうり
発行者　小宮英行
発行所　株式会社徳間書店
〒141-8202 東京都品川区上大崎3-1-1 目黒セントラルスクエア
電話／編集 03-5403-4344　販売 049-293-5521
振替／00140-0-44392
印刷・製本　図書印刷株式会社

ISBN978-4-19-865753-6